リメイクと遊びの
アイデアブック

たのしい
手づくり
子そだて

良原リエ

手を動かし、作ることが大好きで、
料理や庭仕事などの手づくりや手仕事を
あれこれと楽しんできました。

息子がやってきてからは嬉しいことに、
またひとつ世界が増えました。
子どもまわりの、そして
子どもと一緒にできる手づくりや手仕事を、
日々の中で見つけて楽しんでいます。

子育ては、経験してようやく知ったのですが、
びっくりするくらい自分の時間がないものなのですね。
だから決して無理はせず、手早くできる、
身近にあるものでできる、子どもと一緒にできる、
そして何より自分自身が楽しみながらできることを
探して、試してきました。

そして誰に頼まれたわけでもないのですが、
作りたいなと思ってくれる人のために、記録し、
トライしやすいようにも考えてきました。

この本の中には、我が家で実際に作り、
日々の中でくり返し使い、
改良を重ねたアイデアが詰まっています。
楽しみながら、活用してもらえたら嬉しいです。

手づくりの時間が、忙しい子育ての
息抜きにもなりますように。
手づくりが得意な人もそうでない人も、
気楽な気持ちでおつきあいいただけたらと思います。

Remake 1

かたちを活かしたアイデア・リメイク

- 01 長袖Tシャツから袖パンツ……P8
- 02 Tシャツからベビーパンツとスタイ……P10
- 03 デニムからデニムパンツ……P12
- 04 Tシャツからスモック風Tシャツ……P14
- 05 1本のズボンから2本のズボン……P16
- 06 Tシャツからロングワンピース……P18
- 07 Tシャツからリボンキャミソール……P20
- 08 ニットの袖からベビー帽子……P22
- 09 シャツからお弁当包みと箸袋……P24
- 10 キッチンクロスからエプロンと三角巾……P26
- 11 靴下からレッグ&アームウォーマー……P28
- 12 タイツやレギンスからヘアバンド……P30
- 13 デニムからデニムバッグ……P32

Remake 2

生地として活用するリユース・リメイク

- 01 おくるみと産着……P36
- 02 バルーンパンツ……P38
- 03 プレイマット……P40
- 04 子どもバッグとコースター……P42
- 05 ガーランドとぬいぐるみ……P44
- 06 ハギレで目印……P46
- 07 お昼寝ケットとクッション……P48
- 08 マザーズバッグとバッグインバッグ……P50
- 09 カラフルマスク……P52
- 10 ミシンで縫うリメイクニット……P54

Handmade

子どもと一緒に手づくり遊び

- 01 ポンポンを飾ろう……P62
- 02 好きなものスクラップブック……P64
- 03 ペタペタ折り紙……P66
- 04 電車の紐レール……P68
- 05 木の実と花飾り……P70
- 06 ハギレでリボン……P72
- 07 ハギレでオーナメントとブローチ……P74
- 08 お絵かきクッション……P76
- 09 お絵かきこいのぼり……P78
- 10 七夕の切り紙遊び……P80
- 11 お誕生日の数字遊び……P82
- 12 毛糸で指編み……P84
- 13 クリスマスデコレーション……P86
- 14 お正月飾り……P90

Tips & points

手づくりを楽しむためのコツとポイント　P94

- 01 揃えておきたい道具／02 新しい生地を使うなら／
- 03 ウールのフェルト化のすすめ／
- 04 何はなくともアイロン／05 まち針としつけ／
- 06 縫い代の始末／07 カーブや角の縫い代の始末／
- 08 バイアステープの作り方と縫い付け方／
- 09 ゴムの種類と通し口の作り方／10 お直しのアイデア

Column

- 01 どうしてリメイク？……P34
- 02 使い道の決まらない生地は？……P59
- 03 生地を最後まで活用しよう……P60
- 04 子どもの「好き」にとことん付き合う……P92
- 05 既製品に手を加えてみる……P93

1章 *Remake 1*

かたちを活かしたアイデア・リメイク

リメイクのいいところ。思い立ったら、今あるもので。
お気に入りの服が、新しく生まれ変わる。
世代を越えた思いを、受け継ぐことができる。
ちょっとしたアイデアで、Tシャツの袖が子どものズボンに。
もとのかたちをうまく活かせば、手軽で簡単にリメイクできます。

大人の長袖Tシャツ

↓

01
長袖Tシャツから袖パンツ

子どもの袖パンツ

リメイクって楽しい！ と、息子の服をあれこれ作るようになったのは、「袖パンツ」がきっかけでした。

息子が赤ちゃんの頃、急に冷え込んだ日がありました。出かけようにも、夏生まれの息子はあたたかなズボンをまだ持っておらず、どうしようかと悩んでいたら、着古したセーターと目が合いました。あたたかそうなので、これがどうにかならないかと考えるうち、ふたつの長袖がズボンに見えてきたのです。早速、袖を切り落とし、股の部分を縫い合わせ、腰まわりを三つ折りにし、ゴムを通してみると、あっという間にズボンになりました。息子のお昼寝中に仕上がり、無事に出かけることができたのでした。

袖をつなげただけなのに、ズボンらしいシルエットになったこと、また、袖をそのまま利用するため縫う部分が少ないことが、手軽でいいなと思いました。不要なものを再利用できること、すぐにサイズアウトする子ども服だからこそ、お金がかからないことも魅力的です。これは素晴らしい！ と開眼したのでした。

それからは、夫や私、じいじやばあばのカットソーやトレーナー、パーカー、ニットなど、いろいろなものから袖パンツを作りました。中には生地がすでにくたくたになっていたものもありましたが、袖パンツとしてよみがえり、

1 袖を身頃から切り離し、手持ちのズボンを半分にたたんで重ね、サイズを確認する

2 縫い代を足して股ぐり（前後の股上）と上辺をカットする

どろんこ遊びのお供として、パジャマや寒い日のインナーとして利用しました。

袖口にボタンがついていなければ、たいていのものが袖パンツになります。おおよその目安ですが、メンズのLサイズで100サイズぐらいの袖パンツを作ることができました。キュッと締まった袖口がスウェットパンツのように足首にフィットするので、裾をひきずらないのも良いところ。

伸縮する生地の場合は、ニット用の糸やミシン針を使うこと、また、おむつの分を考慮して、股上をたっぷり取ってカットすることがポイントです。

さて、袖を取ってしまうと身頃が残ります。裁断してウエス(雑布)にしてもいいのですが、そのままでもスリーパー(身頃部分に赤ちゃんがすっぽり入り、寝相が悪くても大丈夫な優れもの)としても使えますし、股下を丸くカーブするようにカットして縫い合わせると、サルエルパンツ風のズボンがもうひとつできあがります。これで無駄なく、すべてを使い切ることができます。

思い立ったら、すぐに作れる袖パンツ。1日に何枚も必要なトイレトレーニングの時期には、必ずや重宝しますよ。前後の区別がないので、作るのも穿かせるのも簡単です。きれいに仕上がったら、お出かけ用にも使ってくださいね。

夫の小花柄のパーカーから作った袖パンツ

記念すべき袖パンツのひとつめは紺色のセーターから

残った身頃を活用すればサルエルパンツに。カットした股下部分と、腰まわりの処理をすればOK

3

袖を中表に合わせ(写真はわかりやすいよう、少しずらして重ねている)股ぐりを縫う

4

腰まわりを三つ折りにし、ゴムの通し口を残して縫い付け、ゴムを通せばできあがり

02 Tシャツから ベビーパンツとスタイ

大人のTシャツ

ベビーパンツ&スタイ

パフスリーブのTシャツから作ったベビーパンツ。夫のシャツでスタイと丸いフタ部分を

シンプルな青いTシャツは、別布でフタ部分とウエスト、スタイのフチを飾って

「袖パンツ」(P8)を作ったことで、リメイクに開眼しました。夫や自分の古着を眺めては、袖や身頃を使えないかと考えるのが楽しみになりました。息子がまだ赤ちゃんの頃は子育てに専念する日々だったので、ちょうど良い息抜きにもなっていたと思います。

気に入った生地の服を捨てずに取ってある中で、一番多いのは夫のTシャツです。たくさんあるので、リメイクに失敗してもそれほど心が痛みません。息子の服を作るべく、チャレンジしてみようと、ざくざく切って考えました。

そうするうちにできたのが、ベビーパンツとスタイのセットです。大人のTシャツの首まわりをウエストに、両袖をズボンにします。袖の2cmほど下を横に裁断し、裁断した辺を並縫いしてギャザーを寄せ、丸く切った別生地でフタをするように縫い付けます。首まわりのリブの部分には、目立たないところに小さな穴を開け、ゴムを通します。すると、おむつで膨らんだお尻にぴったりの、赤ちゃん用のパンツができあがります。首まわりは前身頃が短く、後ろ身頃(背中の部分)が長くなっていますから、首まわりをウエストとして水平にして穿くことで、自然にお尻側がたっぷりと膨れるデザインになるという訳です。

最初は袖パンツの発想から、半袖Tシャツの袖だけで作るベビーパンツにトライしました。けれども赤ちゃんのお尻はおむつで膨らんでいるので、十分なゆとりが必要です。身頃まで使えば、首まわりをウエストに活用でき、ひと手間かかってもギャザーを寄せることでゆとりが生まれます。

残った袖より下の身頃からは、スタイを作ります。一番簡単なのは、二等辺三角形を取り、鋭角の端にスナップボタンを付けて作るスタイです。慣れてきたら、カーブをとって丸みを付けたり、バイアステープを付けても楽しいです。バイアステープは市販のものでも良いですが、古着から取るのもおすすめです。(P99参照)

Tシャツから作るベビーパンツは裾幅が広いため、風通

しが良く、蒸れにくいのが良いところです。また、ハイハイ期には、お尻の丸い生地のアクセントがとてもかわいく見えました。スタイはいくつあっても助かりますし、パンツとコーディネートできると楽しいですよ。

赤ちゃんの頃なら文句が出ませんから、手づくり服を着てもらう一番のチャンスです。お昼寝の時間もまだまだ長い時期だと思うので、その間に少しずつ縫いすすめて、着せ替えを楽しんでくださいね。

1 袖の2cm下を横に裁断する

2 裁断した辺をぐるりと1周、並縫いし、直径10cmほどの円になるよう絞る

3 直径12cmに裁断した別布を、円の穴を塞ぐようにあて、まち針かしつけ糸で仮止めする

4 円のふちをジグザグミシンで縫い付ける。3周ほどすればほつれにくくなる

5 首まわりのリブの内側に小さな穴を開け、ゴムを通せばできあがり

6 残った身頃からスタイを作る

7 2回折りたたんで二等辺三角形を取り、裁断する。中表にして縫い合わせ、一辺は10cmほど返し口を残して表に返し、返し口を縫いとじる

8 鋭角の両端にスナップボタンを付けて、できあがり

大人のデニム
↓
子どものデニム

03
デニムからデニムパンツ

息子の服をあれこれ作ってきましたが、中でも一番のお気に入りはデニムパンツのリメイクです。息子がとても気に入ってくれ、たくさん穿いてくれたからです。最初の1本は、夫が10年以上穿いていたお気に入りのデニムから作りました。

子ども服のデニムパンツは、流行のせいもあるのか、ぴったりとしたスキニータイプが多く、脱ぎ着が大変そうに見えて、買いたいと思えませんでした。ならば、作ってみようと思い立ちました。

手持ちのズボンを重ねて、おおよそのサイズを確認したら、脱ぎ着しやすいよう、裾幅、ウエスト幅にゆとりを持たせカットしました。股側をカットすることで外脇にある赤耳を活かせるようにしました。

また、長く穿いてほしいと思ったので、裾は長めにし、三つ折りにして仮止めしました。1歳半から穿き始め、2歳半になる頃に二つ折りに、3歳を過ぎて一つ折りに、そして4歳になろうという頃、すべてを伸ばして穿きました。なんと3年近くも活躍することに。

ウエストは、デニムの生地が固く、扱いにくいので、別布を付けることにしました。別布で作るウエストには、太いゴムを1本入れるより、細いゴムを2～3本入れる方がおすすめです。細いゴムの方がやわらかいので、脱ぎ着

1

大人のデニムの膝下あたりに手持ちのズボンを重ね、サイズを確認する

2

縫い代を加えて、上辺、股ぐり、股下をカットする（ウエスト、裾幅にゆとりを持たせている。裾を折り返したい場合は、股下を長く取る）

しやすくなり、また、細いゴムでも複数あれば、ずり落ちる心配がありません。そのため、ウエスト部分の幅は広めに取り、2本のステッチを入れます。先々のことを考え、ゴムの端を長めに残して、それぞれに入れれば完成です。

最初のデニムパンツには、その後、息子の要望に応え、ポケットを縫い付けました。ポケットが好きならと、私のペインターパンツ型のデニムを利用したデニムパンツも作りました。太ももあたりにあったポケットを利用したので裁断箇所が違いますが、作り方は一緒です。

さらに、ポケット好きの息子のために、腰まわりの前後左右のポケットを利用するべく、ファスナー部分を切り取って作る方法でも作りました。この作り方は「1本のズボンから2本のズボン」(P16)で紹介しています。

デニムはミシンで縫うのが一番ラクですが、薄い生地のズボンをリメイクするなら、手縫いでも作ることができます。また薄い生地なら、ウエスト部分に別布を付けずに、端を三つ折りにしてゴムを通せば完成しますから、もっと簡単にできます。また、デニムの生地でなくても、チノやコーデュロイなど縫いやすい生地であれば、ほとんどのズボンを子ども用にリメイクすることができます。

仕上がりの見た目よりも、ずっと簡単にできるリメイクです。ぜひトライしてみてくださいね。

2歳から5歳まで穿いたデニムパンツ

3

股下をそれぞれ縫い合わせる

4

中表に合わせ、股ぐりを縫う

5

ウエスト部分に別布を付ける。本体に一辺を縫い付けたあと、半分に折り、もう一辺を縫い付ける（P100参照）

6

ゴムを通せばできあがり

大人のTシャツ
↓
子どものTシャツ

夫は、普段着に衣装にと活用するので、かなりのTシャツ持ちです。定期的に手放さないとすぐに引き出しからあふれてしまうので、ウエスにでもしてね、と毎年多くのTシャツを手渡されます。けれども、かわいい柄や素敵なデザインは、裁断するのをためらってしまうことも。

ならば息子の服にリメイクしてみようと思い立ちました。柄やデザインをそのまま活かし、なるべく縫い目も利用しようと試行錯誤の末、スモック風Tシャツになりました。

大人のTシャツの上に、息子の手持ちの服を乗せて、おおよそのサイズを確かめます。重ねてみれば、だいたいどのあたりを小さくすれば良いかが見えてきます。

丈は、三つ折りにする分の縫い代を足してカットします。袖下から脇はつなげて縫った方がラクなので、脇の下あたりにカーブを付けてカットします。いろいろ試したところ、この方法が一番きれいな仕上がりになりました。

袖口は、広めにカットしてもおもしろいです。夏は風が

04 Tシャツからスモック風Tシャツ

1

大人のTシャツの上に、手持ちのTシャツを重ね、サイズを確認する。縫い代分を足してカットする

2

中表にし、袖から脇の下、脇を続けて縫う。脇のカーブの強い箇所に切り込みを入れる(P98参照)。裾は三つ折りにして縫い付ける

通って涼しげですし、ほかの季節なら、下に長袖を合わせて重ね着しやすく、重宝しました。

　袖は元の長さをそのまま利用するので、七分丈から五分丈ぐらいになります。この中途半端な丈が、春先や秋口にとても役立ちました。

　首まわりは、襟ぐりがリブになっている部分の目立たないところに穴を開け、ゴムを通して調節するのが手軽です。サイズを調整するだけなので、子どもの下着に使われるようなやわらかいゴムを使ってください。穴が広がりやすい生地の場合は、手縫いで穴を塞ぎます。ゴムを通せないデザインの場合は、タックでつまみます。

　子どもは毎日びっくりするぐらい服を汚すものですが、リメイク服なら元手がかかっていないせいか、汚れようが破れようが、ちっとも気にならないのが良いところです。

　食事の時に、スタイ代わりのスモックエプロンとして使うのもおすすめですよ。

大人の長袖Tシャツから同様に作り、袖丈を調整すれば、子どもの長袖Tシャツに

3

首まわりのリブの目立たないところに穴を開け、ゴムを通してできあがり

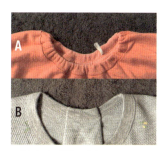

首まわりの調節の仕方
A：首まわりのリブの部分の内側に穴を開け、ゴムを通す
B：首の後ろ側にタックを取り、縫い付ける

大人のズボン → 子どものズボン2本

05　1本のズボンから2本のズボン

ウールのズボンは、裏地ごと裁断、縫製。あたたかさも引き継いで

　袖パンツや、デニムパンツのリメイクのようにズボンの膝下部分を使う方法で、息子のズボンのほとんどを作ってきました。息子も気に入って穿いてくれていましたが、3歳になった頃、こう言ったのです。「ポケットがないから穿かない」……と！

　確かに息子にとって、ポケットはとても大切な存在になっていました。出かけるたびに、ドングリをはじめとするあらゆる木の実、紅葉した葉っぱ、枯れ枝、落ちていた花びらや蕾、きれいな石、そして時には色とりどりのBB弾など、たくさんのガラクタ、いや、宝物を拾ってくるからです。ポケットがないズボンなんて、ちっとも役に立ちません。

　これは一大事と、まずは手持ちのズボンに片っ端からポケットを付けることにしました。夫のシャツやデニムにももともと付いているポケットの縫い目をほどき、そのまま袖パンツやリメイクパンツに縫い付けてみれば、違う色やデザインが加わって、楽しい表情に生まれ変わりました。

　さて、新たに作るズボンにはポケットが必須ですから、作り方を考え直さなければなりません。できれば、最初からポケットが付いている部分を使った方が手軽です。どうしようかと考えるうち、大人のズボンの膝下部分からリメイクしていたので、膝から上の腰まわり部分があまってい

ることに気付きました。腰まわりには、前後左右にポケットが付いています。これを使わない手はありません。

まず、一番使いたいポケットを残しつつ、ウエストサイズを小さくするために、前股上のファスナーまわりから後股上までの股ぐりを、ポケットを避けながらカットします。後ろポケットの横には縫い代が必要なので、デザインによっては、後ろは切り込みを入れるだけになるかもしれません。カットする前後の幅が同じにならなくても大丈夫です。あとは「デニムパンツ」（P12）と同様です。裾幅を股側でカットして狭め、股下を縫い合わせ、裾を三つ折りにして縫ったあと、中表にして股ぐりを縫います。ズボンの形に

なったらウエストに別布を縫い付け、ゴムを入れたら完成です。裁断した残りの下部からもリメイクすれば、1本の大人のズボンが、2本の子どものズボンになりました。なんだか得した気分です。

息子の反応も嬉しいものでした。渇望していたポケットが前後左右に4つもあるのです。これ好き！と大喜び。毎日のように穿き、これでもかと宝物を詰め、ポケットをパンパンにして帰ってくるようになりました。大人用のポケットですから、たくさん入るのも良かったようです。

無駄なく使い切ることができる、気持ちの良いリメイクです。ポケット好きなお子さんに、作ってみてくださいね。

1 大人のズボンを半分に裁断する

2 下部。手持ちのズボンを重ね、股下、股ぐりを裁断し、デニムパンツと同様に縫う（P12参照）

3 ウエスト部分に別布を縫い付け、ゴムを通す（P100参照）。下部のできあがり

4 上部。ファスナー部分をウエストの前から後ろにかけて切り取る。前ポケットの内側の袋、後ろポケットを切らないよう注意

5 ベルト部分と股下をカットする。必要あれば股ぐりも調整する

6 股下と裾を縫ったあと、中表に合わせて股ぐりを縫う

7 ウエスト部分に別布を縫い付け、ゴムを通す。上部のできあがり

ママのTシャツ → 子どものロングワンピース

06
Tシャツから
ロングワンピース

女の子の服って、なんてかわいいのだろうと思います。男の子よりも色やデザインの選択肢が多くて、お店をちらりとのぞくだけでワクワクします。スカートもズボンもどちらも穿けるという特権もあります。

息子は自分の意見を主張するようになった2歳頃から、5歳になった今も、スカートを穿きたがります。スカートからのぞくレースや花柄のタイツも、うらやましくて仕方ないそうです。お店で赤のタータンチェックのスカートを見つけ、鏡の前で合わせて、「ぴったり！　これ買う！」なんてこともありました。女の子はスカートもズボンも両方穿いていいのに、男の子はどうしてスカートがだめなの？　の質問には、返す言葉がありません。苦肉の策として、入園式用にと買っておいた裾の広がった短いキュロットパンツを渡したところ、「わーい！　スカートだ！」と狂気乱舞。休日のお出かけに、無地のタイツと合わせて何度も楽しみました。

女の子の服は、作るのも簡単なものが多いと思います。なんといっても、ズボンのように足を入れる場所をわざわざ作る必要がないからです。生地を用意し、脇と裾を縫って、ウエストを絞れば、スカートのできあがりです。

もっと簡単なのはワンピース。上も下も一度に作るようなものだからです。ワンピースがさっと作れたら、これ以上手軽なものはないと思います。お友達や姪っ子にプレゼントするべく、簡単なワンピース作りに挑戦してみました。

なるべく縫わないようにと考えてみると、私の細身のTシャツがぴったりくることに気付きました。90～100サイズなら、ほんの少しの手直しで済みそうです。手持ちの服と合わせてみると、直したほうが良いのは首まわりと、袖幅、脇です。袖を細くするついでにそのまま、脇の下を通り、身頃の下から1/3あたりまで続けて縫うと、Aラインのワンピースのようになりました。

首まわりは「スモック風Tシャツ」(P14)同様、タックをとったり、リブがあれば目立たないところに小さな穴を開けて、ゴムを通して調整します。裾はそのまま利用すれば、かわいいロングワンピの完成です。

縫うところがとても少なく、あっという間にできました。この程度であれば、手縫いでも短い時間でできるのではないかと思います。

すっぽり被るだけなので、服を着せることすら大変なイヤイヤ期にも良いかもしれません。部屋着や寝巻きにと活用できそうです。部屋着や寝巻き限定でなら、誰かにとやかく言われることもありませんし、こっそり息子にも着せてあげようかなと思います。

19

レディースの細身のTシャツの上に手持ちの服を乗せ、サイズを確認する

縫い代分を足してカットする。縫いやすいように、脇の下にカーブを取る

中表にして、袖下から脇の下、脇の途中まで続けて縫う（きれいなAラインになるように）。脇のカーブの強い箇所に切り込みを入れる（P98参照）。首まわりを調節すればできあがり（P15参照）

大人のTシャツ

子どものリボンキャミソール

07
Tシャツから
リボンキャミソール

　小さな頃、遠くに住む親戚の伯母が、誕生日になると洋服を送ってくれました。白いワンピースやフリルのついたニット。どれもかわいくて、嬉しいプレゼントでした。伯母の子どもは、やんちゃな3人の男の子。女の子の洋服へのあこがれもあってか、私に送ってくれていたようです。今ならその気持ちがよくわかります。女の子の洋服のほうがかわいいものが多いですし、選んだり、作る楽しみは比ではありません。

　さて、「ロングワンピース」(P18)を作ったら楽しくなってしまい、肩紐がリボンになっているキャミソールも作りました。これは母が自身の洋服やあまり布からよく作ってくれたので、おおよその作り方を覚えていました。

　リボンを通して生地を絞れば形になる、シンプルな構成です。たいていの生地から作ることができそうですが、できるだけ簡単に仕上げるため、脇を縫わなくて済む、Tシャツの身頃部分を利用することにしました。

　夫のTシャツがたくさんあるので、メンズのTシャツから作ってみました。袖の下を横に裁断し、身頃の下の部分

1

袖の2cm下を横に裁断する

2

脇に上から10cmの切り込みを入れ、三つ折りにする(先が細くなる)

を使います。ちなみに、残りの上の部分で「ベビーパンツ」(P10)を作ることができるので、ベビーパンツを作ったあとにリボンキャミソールを作ると、無駄がありません。

リボンを通す部分を作るため、脇の縫い目のキワに、上から10cmほど切り込みを入れます。切った部分をそのまま三つ折りにするか、U字にカットしてから三つ折りにして縫い付けます。

切り込みだけの場合は、切り込み終わりに向かい、三つ折りが細くなってしまうので、やや縫いにくいです。けれどもドレープはきれいに出ました。U字にカットした場合は、アイロンでしっかりと三つ折りをすれば、縫いやすく、また、袖ぐりの仕上がりがきれいです。どちらか好みの方で良いと思います。

脇ができたら、横に裁断した辺をリボンが通せる幅で三つ折りにし、縫い付けます。前後両方にリボンを通し、ギャザーを寄せ、肩にかけられるよう、リボンを伸ばして結べば完成です。

夏なら1枚でも、Tシャツや長袖Tシャツと合わせてもかわいいです。メンズのTシャツから作る場合、80から100サイズぐらいまで楽しめると思います。

リボンキャミソールこそ、女の子の特権のような服だと思います。息子に見せたら、「着たい！」と絶叫しそうです。うらやましがる男の子や、男の子のお母さんの分まで、楽しんでもらえたらと思います。

3

切り込みした部分をさらにU字にカットしてから、三つ折りにしても良い

4

横に裁断した辺を三つ折りにして、リボンを通す

5

ギャザーを寄せ、肩にかけられるようリボンを結んだら、できあがり

08 ニットの袖からベビー帽子

息子が生まれてからしばらくは、庭を眺められるリビングに布団を移動して、一日中、ふたりでゴロゴロしていました。ついこの間までお腹の中にいたからか、ぴったりと寄り添っていることが何よりも自然でした。お互いを常にそばに感じることで、息子はもちろん、私も安心しました。今思えば、とてもいい時間だったなと思います。

夏生まれだったので、産着を何枚か買っただけで、そのほかの身に着けるものはとくに用意することなく、出産の日を迎えました。産後は外出もほとんどしなかったので、必要に思うこともありませんでした。ただ、ちょっと散歩に出ようと思う時に、帽子があったらいいなと思いました。生まれたばかりの赤ちゃんの頭は随分とやわらかくて、無防備に感じたからです。

だからと言って、帽子だけをわざわざ買いに出かける気にもなりません。手持ちのもので何とかならないか考え、ハンカチを巻いてみたりしましたが、どうもしっくり来ません。

いろいろなものを被せてみるうち、ばあばのサマーニットの袖が、赤ちゃんの息子の頭にぴったりだと気付きました。半袖の袖の部分にすっぽりと頭が入ったからです。

袖を身頃から外し、外したところを並縫いでぎゅっと絞

ばあばの
半袖ニット

ベビー帽子

1

袖を身頃の縫い目の外側で
切り取る

2

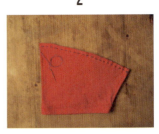

中表にし、切り取った辺の端から
1cmを並縫いする。2枚合わせて縫
っても、1枚をぐるりと一周縫って
も良い

れば、あっという間に帽子になりました。サマーニットなので伸び縮みし、ほどよく頭にフィットするのも良いと思いました。

　しかし少しだけ欲が出て、頭にあたる部分は優しい布の方が良いのではと、ダブルガーゼを内側に付けました。けれどもガーゼでは伸び縮みがなくなり、頭のサイズにぴったりとフィットする期間しか被れないことに気付きました。内布はリバーシブルになる楽しみはありますが、なくても良いと思います。

　伸縮する生地が良いので、Tシャツの袖からも作ることができます。サイズにもよりますが、レディースのTシャツからは新生児から数ヶ月ぐらいの頭に、メンズのTシャツからは6〜10ヶ月ぐらいの赤ちゃんに合うようです。裁断する前に、Tシャツの袖口を赤ちゃんの頭に被せて確認してみてください。

　並縫いをした絞りが内側にきても、外側にきてもいいと思います。頭の先にポンポン(P62参照)を付けてもかわいいです。赤いTシャツの袖に白いポンポンなら、クリスマスにもいいですね。

　この上ない簡単さのベビー帽子です。赤ちゃんのうちにぜひ試してみてくださいね。

絞りが外側にくるタイプ

ポンポンを付けると
さらにかわいい

3

並縫いした糸をぎゅっと絞り、縫い止める

4

裏返してできあがり

パパのシャツ

→

09
シャツから
お弁当包みと箸袋

息子の幼稚園の入園はとても嬉しいことでした。親子でべったり過ごす時間も楽しいものですが、一方で息子はお友達とたっぷりと遊ぶ時間を、私は仕事に集中する時間を、きちんと確保できるほうがお互いに良い時期に来ていました。幼稚園とはそういうタイミングで始まるものなのですね。また、幼稚園が始まって、離れる時間があるからこそ、一緒にいる時間がより楽しくなるということもよくわかりました。

入園の時期には、お弁当包みや通園バッグなど、手づくりで準備するものがたくさんありますね。好みの布を買ってきても良かったのですが、夫のシャツのストックがたくさんあったので、お弁当包みと箸袋は、それらからリメイクすることにしました。ちょうど、メンズのシャツの背中のあたりが、お弁当包みのサイズにピッタリだと思ったからです。

シャツの後ろ身頃から、最大の正方形を取り、お弁当包みにします。目分量でも良いのですが、写真の順で折りたたんでいくとわかりやすいです。正方形が取れたら、アイロンで端を三つ折りにし、周囲を縫えばできあがりです。（P98参照）

白、水色、紫、ピンク、緑は夫のシャツ、赤のチェックは夫のパジャマ、青のチェックは私の弟のシャツ、赤の無地はじいじのシャツから作ったものです。いずれもメンズのLサイズ相当です。

次に、袖から箸袋を作りました。袖は開いてみると幅があり、子ども用の箸袋をちょうど良く取ることができました。

箸袋に使った紐は、端切れを細長く縫って代用したり、Tシャツ生地を利用したものです。Tシャツのように伸びる生地なら、2～3cmほどの幅に裁断してひっぱると、くるりと丸まって華奢な紐になります。紐をわざわざ買わなくても、これならとても簡単に作れるのでおすすめです。

お弁当包みも、箸袋もたくさんできました。古着を活用できますし、好きで買った洋服ですから、再利用したい素敵な生地のものも多いと思います。簡単にできますので、ぜひ作ってみてくださいね。

◎お弁当包みの作り方

1. 後ろ身頃を切り取る

2. 斜め半分に折る

3. さらに半分に折る

4. 縦半分に折る

5. 鋭角になった部分を、右上の角に合わせて半分に折る

6. 二等辺三角形を切り離す

7. 広げたあと微調整し、端を三つ折りにして周囲を縫う

できあがり

◎箸袋の作り方

1. 両袖を身頃から切り離す

2. 2回半分に折って、二等辺三角形に裁断する(上記お弁当包みの3〜6参照)

3. 2枚を中表にし、頂点に好みの紐を挟み、返し口を5cmほど残して周囲を縫う。表に返して、アイロンをかけて整える。(おもちゃが差さっているところが、返し口部分)

4. 左から1/3ほどを右に折る。返し口を押さえながら、底辺と一緒に縫う。ここが箸の先を入れる袋となる

できあがり

10
キッチンクロスから
エプロンと三角巾

キッチンクロス2枚

→

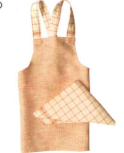
エプロン&三角巾

　お店で見かけるかわいいベビーやキッズの雑貨や洋服に目がくらみ、ついつい買ってしまうことがあります。ただ、あれこれ作ってきた自負もあり、すぐ買うのではなく、これは作れないかな？　と一度立ち止まって考えるのがクセにもなっています。買わずに踏みとどまるうちにできたもののひとつに、キッチンクロスから作るエプロンと三角巾があります。

　リネンのお店、fog linen work が好きです。fogのリネンを使って息子の何かを作りたいと、お店を訪れるたびに思うのですが、生地の販売は時々しか行っていません。結局、待ちきれなくて、「裁断してしまうなんてもったいない」とお店の方に言われながらも、制作のためにキッチンクロスを購入してしまいました。

　まず、前々からほしいなと思っていた、fogの子ども用エプロンを真似して作ってみることに。なるべく縫う場所を減らすべく、胸当て部分以外は縫い目を利用できるよう考えてみると、ちょうどぴったりのサイズになりました。

　三角巾とエプロンの紐は、もう1枚のキッチンクロスから取ります。角をひとつとって斜めに折りたたむと、二等辺三角形ができます。三角形で裁断し、長辺を縫えば三角巾に。もしくは正方形で裁断し、半分に折って三角巾として使うのもおすすめです。正方形の方が縫いやすいことと、ナプキンなどほかの用途でも利用できるからです。

　残った長方形は、エプロンの紐になります。残った部分を半分にするか、残りが多い場合は10cm幅で2本取ります。できあがりが3.5cm幅程度になるよう、縫い代を中に折り込み、周囲を縫います。胸当ての両端にそれぞれを縫い付け、背中で交差させて、カーブの終わりにもう一方をそれぞれ縫い付けます。こうすると、すっぽりと被るタイプのエプロンができあがります。紐を結んだりする手間がないので、子どもには使いやすい形です。

　キッチンクロスはものによりサイズの差がありますが、おおよそ45×65cm前後のものが多いようです。少々サイズの違う、IKEAや近所の雑貨店で買ったキッチンクロスでも同様に作ることができました。

　まだまだ助かるほどのお手伝いにはならないでしょうが、一緒に何かをするのはお互いに楽しい時間です。エプロンでやる気を出してもらい、お手伝いを好きになってもらえたら嬉しいですね。

長辺の中心の18cmほどを胸当て部分にする。中心から三つ折り分を加えた10cmあたり、短い辺は30cmを残したあたりをカーブで結んで裁断する

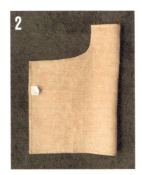

半分に折り、反対側も同じカーブで裁断する

カーブにアイロンをかけて三つ折りにし、縫い付ける

もう1枚のクロスの角を折り、二等辺三角形を確認し、三角形か正方形で裁断する。三角形の場合は長辺を、正方形にする場合は裁断した部分を三つ折りにして縫う

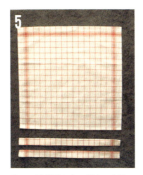

残りの長方形から、紐を2本取る。およそ3.5cm幅になるよう、縫い代を内側に折り込んで周囲を縫う

胸当ての端と、反対側のカーブの端に紐を縫い付ければできあがり

11
靴下からレッグ&アームウォーマー

　夏生まれの息子が迎えた、初めての冬。子どもとふたりの時間にも慣れてきて、息子のために何か作りたいなと思いました。それでもまとまった時間はなかなか取れないもので、赤ちゃんのペースに合わせているとあっという間に時間は過ぎてしまいます。あまり長くは寝てくれませんでしたが、お昼寝の時間が唯一、何かにトライできそうな時間でした。

　そんなちょっとした時間に仕上げたのが、靴下から作るレッグウォーマーです。室内なら靴下の代わりに穿けば、滑らなくて済みますし、お出かけの際には、抱っこ紐から飛び出す足をあたためてくれ、重宝しました。いつの間にか脱げてしまう赤ちゃんの靴下も、レッグウォーマーを合わせると脱げにくくなりました。

　ちょうどよく、私のウールの靴下に穴が開いてしまったところでした。足首から下を切り落とし、まずはそのまま息子の足に通してみました。切っただけでも、レッグウォーマーとしては十分でした。でも、ややほつれが気になったので、端をミシンで1周したあと、編んで止めることにしました。

　靴下やニットの端には、かぎ針編みが役に立ちます。細

大人の靴下　→　子どものレッグウォーマー

めの3号、5号などの先の尖ったかぎ針で、生地にかぎ針を直接刺して目を作っていくのです。こうすればほつれ止めにもなり、別で編んで縫い付けるよりも手軽です。目を1段作り、その上に細編みを3～4段ほど編めば、ほつれ止めを兼ねた飾り編みのできあがりです。

　ゴム編みにした方が伸び縮みするので、なお良いと思いますが、かぎ針で作るゴム編みには少々知識が必要です。大人の靴下から、赤ちゃんや子ども用のレッグウォーマーを作るなら、簡単な細編みで十分かなと思います。

　目の細かいニットの場合は、少々間隔を開けて目を作ると、靴下の筒が引き締まり、子どもに合うサイズになりました。ざっくり編みのように目が粗い場合は、元の目をきちんと作るか、思い切ってフェルト化するのもおすすめです。(P95参照)

　直接、かぎ針を刺して目を作る方法を覚えれば、袖口や裾に飾り編みを付けたり、虫食い穴のお直しにも使えます。飽きたら簡単にほどけるのも、編み物の良いところです。

　同じ作り方で、手首に付けるアームウォーマーにもなります。親指を通す穴を開け、その縁にも細編みを。裏地にフリースを縫い付ければ、私の靴下が5歳の息子の手にぴったりのアームウォーマーになりました。短い時間で仕上がるので、お昼寝している間にトライしてみてくださいね。

洋服を捨てる前、何かに使えないかな？　と舐めまわすようにチェックするのが習慣になってしまいました。気に入った生地だけを使うようにしていて、何でも再利用しようとは思っていないのですが、つい考えてしまうのです。

やり過ぎたかなと思うもののひとつに、夫のパンツがあります。かわいい生地だったので、エプロンのポケットに使いました。しかしそれに気付いた夫に、「下着ぐらい潔く捨てようよ」と呆れられ、我に返りました。

これもやり過ぎかもしれませんが、タイツからヘアバンドを作りました。アイデアとしては我ながら秀逸だと思っているのですが、抵抗がある方もいるかもしれません。でもヘアバンドの素材としては最適なのです！　私は歩き方が悪く、1シーズンで足の裏に穴が開いてしまいます。ほかの部分はきれいなままなので、気になる足首から下を切り落として使います。似たような形のレギンスでも作ることができます。

ツイストした形のヘアバンドが作りやすいのでご紹介します。右足、左足をそれぞれ60cmでカットし、クロスして重ね、引っ張ってツイストを作り、両端を縫い合わせれば、大人用のヘアバンドになります。子ども用には、年齢別の頭まわりの平均値に3cm（縫い代とツイストして重なる分）を足して裁断します。ただ、頭のサイズは個人差があるので、ツイストした状態で、お子さんの頭に合わせてから縫うのが良いと思います。

このヘアバンドを着けて何度も出かけましたが、元々がタイツだったとはたぶん気付かれなかったように思います。

12
タイツやレギンスから
ヘアバンド

1

タイツの足元を切り落とす

2

バツ印になるよう重ね、一方を半分に折ったあと、もう一方も同様に折る

やわらかい生地のレギンスは、部屋着やパジャマにおすすめ

◎ 頭囲の目安

0〜3ヶ月	40〜42cm
3〜6ヶ月	42〜44cm
6ヶ月〜1歳	44〜46cm
1歳〜1歳半	46〜48cm
1歳半〜2歳	48〜50cm
2歳〜4歳	50〜52cm
4歳〜6歳	52〜54cm

＊参考：こそだてハック
（https://192abc.com/38115）

（もっとも、それタイツだったでしょと、わざわざ突っ込む人もいないと思うのですが）

　レギンスはほかにもリメイク方法があります。1本から2本のズボンを作ることができます。真ん中で裁断し、下部は袖パンツ（P8）の要領で、股ぐりをカットして縫い合わせ、ウエスト部分を三つ折りにしてゴムを通します。上部はもっと簡単で、裾の始末をし、ウエストは元々のゴムを結んで短くすれば完成です。息子のパジャマのズボンとして、2歳ぐらいから5歳になった今も愛用中。やわらかくて気持ち良いのだそうで、息子のお気に入りです。

　やり過ぎかなと思うこともありますが、気に入って使えるならそれでいいと思います。抵抗のある方はどうぞスルーで、おもしろいなと思ってもらえたら、ぜひトライしてみてくださいね。

3	4	5

両端を引っ張ってツイストを作り、形を整える	中表になるよう端を合わせ、しつけ糸で仮縫いする	ミシンをかけ、表に返す

13
デニムから
デニムバッグ

大人のデニム → デニムバッグ

リメイクで「デニムパンツ」(P12)を作るようになってから、デニムの膝から上があまるようになりました。でも腰まわりにはファスナーやベルトループ、ポケットも付いているので、新たな物にリメイクするのは難しい……と思っていました。

しかしパンツを作るたびに、その丈夫さは捨て難いと思い直すようになりました。息子がどんなに遊んでも、何度洗濯しても、へこたれる様子がないからです。

そんな頃、息子の通うプレスクールで、リュックの用意をするようにと言われました。長く愛用してほしいので丈夫なリュックにしたいなと考え、手づくりするならデニムがぴったりかも！　とひらめきました。

せっかくなので、あまっているデニムの腰まわりについている、たくさんのポケットを活かしたいと思いました。市販の型紙を利用し、ちょうど背中の真ん中に大きなポケットがくるように裁断しました。

1

ファスナー部分を、ウエストの前から後ろにかけて切り取る

2

股下をカットして広げ、2枚を重ねる

リュックの内側には夫のパジャマを利用し、こちらもパジャマのポケットが真ん中にくるようにしました。いずれも無駄の多い裁断でしたが、ポケットがまた違う形で活かされるのは嬉しいことでした。

実際に使ってみると、その丈夫さは予想以上。夫のデニムを使ったのでポケットが深く、使い勝手の良さも抜群です。丈夫なデニムのポケットを活かして、手提げやショルダーバッグも作ってみることに。

ところで、デニムに限らず、ズボンの多くは前身頃のほうが下がっています。丈夫なベルト部分にバッグの持ち手を付ける場合、そのままをバッグにしようとすると不格好になってしまうので、前身頃と後ろ身頃の長さの差を調整する必要があります。まず、ファスナー部分をウエストの前から後ろにかけて切り取ってふたつに分け、それぞれの股下を開きます。その後、ふたつを合わせて並べ、ウエスト部分を水平にしてから、作りたいバッグの大きさに裁断します。こうすると、前後の長さを揃えることができ、また、ポケットの向きや位置も整ってきます。

余裕があれば、内布を付けると仕上がりがきれいです。同じ大きさの袋を縫って、上辺を包むように縫い付けると、ちらりと見えてかわいいと思います。

デニムだけでなく、チノパンやワークパンツなど丈夫な生地のものがたくさんあります。半分はリメイクパンツに、半分はバッグにと違った用途で活用できれば、おもしろいですね。

3

ウエストを水平にして、作りたい大きさにカットする。両脇、底辺を縫い、袋状にする

4

同じ大きさの袋を別布で作り、内側に入れ、上辺に縫い付ける。持ち手や肩掛け紐を縫い付ければ、できあがり

Column 01

どうしてリメイク？

　小さな頃、母の姿で印象に残っているのは、ミシンを踏む姿です。ローンで買ったという、家具調の重厚で立派なミシンを持っていました。テーブルの高さまでの大きな箱にミシンが乗っていて、使わない時にはその箱の中にミシンが収まる仕組みでした。中には色とりどりの糸や端切れがたくさん詰まっていて、覗くだけでもワクワクする宝箱でした。

　母は以前縫製の仕事をしていたそうです。だから、得意のミシンであらゆるものを作ってくれました。とくに嬉しかったのは、リカちゃん人形の洋服や小物を作ってくれたことです。リカちゃん用のお布団は、実際に使っていた布団生地の端切れから作ってくれたので本物そっくり。人形遊びのテンションが俄然上がりました。

　暑い夏の日には、涼しいサンドレスがあったらいいねえと言いながら、母は自分のワンピースをざくざくと切り始めました。そしてミシンに向かい、あっという間に私と妹の2人分のサンドレスを仕上げました。ひとつの服が、目の前でふたつの服になったのです。その驚きの光景は、今でも鮮やかに思い出すことができます。また弟を妊娠していた時には、緑の服の脇に黒い生地を足して身幅を広げ、マタニティー服を作っていました。近所のおばさんが褒めていたのを、横で聞いた覚えがあります。

　手もとにあるものを利用して作るという発想は、そんな母の姿や手づくりの品から自然に刻み込まれたのだと思います。その頃のことを聞くと母は決まって、3人も子どもがいてお金がなかったからねえと答えます。けれども作ってくれることが嬉しかったし、心に残る大切な思い出となっています。

　私は長い間、子どもを授かることができませんでした。それでも心の片隅には、母がそうしてくれたように、子どもに服やおもちゃを作ってあげたい気持ちがいつもありました。いつか来てくれるはず、そう信じて、好きな生地の服はとって置くことにしました。それはいつしか願掛けとなり、授かりますようにとお願いしながら集めた洋服が衣装ケースふたつ分にもなった頃、ようやく息子がやって来たのです。

　あたためてきたリメイクへの思いが爆発し、息子は手づくり服ばかりを着る運命となりました。今のところは楽しんでくれているようですが、そろそろ嫌と言いそうな年齢でもあります。それでも息子が大人になって、思い出のひとつになっていれば、母としては十分かなと思います。

2章 *Remake 2*

生地として活用するリユース・リメイク

買ったままになっている生地や、半端に残った布や端切れ、
それもまたリメイクの宝です。
つなぎ合わせてみれば、思いがけないものができるかも。
組み合わせを考えるのも、楽しみのひとつです。

01

おくるみと産着

　長いこと待ちわびて、ようやく子どもを授かりました。まだ見ぬ我が子に何か作ってあげたいと、自分への懐妊祝いも兼ねて、奮発してミシンを購入。当初は、既製品のものは買わず、産着も何もかもすべてを手づくりする！　ぐらいの気持ちで意気込んでいたのですが、いざ作ろうとするとどうも針が進みません。実際にこの目で子どもを見ていないからか、ピンと来ないのです。それまでずっと仕事ばかりの日々で、赤ちゃんと触れ合う機会などほとんどありませんでした。平均的なサイズを調べたところで、頭と

体のバランスはどんな具合なのか、腕や足はどれくらいの肉付きなのか、イメージが湧きません。

　だから子どもへの最初の手づくりは、サイズに縛られないものにしようと、おくるみにしました。優しい色合わせや、くたくたになった風合いが赤ちゃんに合うと思い、祖父母宅にあったネルに似た生地を使いました。孫が泊まりにくる際のシーツだったと思います。赤ちゃんを包む側は、市販のダブルガーゼを使いました。それらの生地を二つ重ねて、バイアステープで包みました。バイアスは、母のワンピースのスカートを斜めに切って使いました。

　できあがって眺めてみると、生地の模様に懐かしい思い出がよみがえってきました。働き者だった祖父や、お洒落な祖母が思い起こされ、その次の次の、次の世代が産まれて来ることに、胸が熱くなるのでした。大げさかもしれませんが、生地と一緒に、命も受け継いでいくような気がしました。

　さて、産着への思いも捨てきれず、一着だけ、少し大き目のサイズで作ってみることにしました。ネットで無料の型紙をダウンロードし、好きな形になるよう、カーブをアレンジしました。メインの生地には市販のダブルガーゼを、バイアスには母の三角巾の生地を使いました。母は昔、よくこの三角巾をして、料理や掃除をしていました。古ぼけて柄も薄くなった生地ですが、その黄色い小花の模様は、私にとって母そのものなのです。母のモチーフを使うことで、遠回しながら母への感謝を込めました。

　リメイクには、節約できるという楽しみがあります。けれどもそれ以上に、生地を受け継いでいくというおもしろみがあります。バイアスやリボンのように一部分であっても、気に入って買った服や、思いが詰まった生地が息を吹き返し、また役に立つのは嬉しいものです。そうやって大切にされた生地なら、子どもを守ってくれると思います。

おくるみは、ちょっと寝かせたい時に敷く布としても活躍

02
バルーンパンツ

　赤ちゃんのハイハイ期の表情の豊かさと言ったら、思い出すだけで頬がゆるんでしまいます。好奇心でいっぱいのキラキラした目、興味を持ったところへ自分で移動できるという喜び。楽しくてたまらないという気持ちがひしひしと伝わってきます。

　そんなハイハイ期には、お尻がかわいく見えるバルーンパンツ作りに精を出しました。何度か作るうち、フィットするものよりも、ゆったりとした仕上がりのほうがお尻がかわいく見えることに気付きました。バルーンパンツを穿いて、さらに大きくなったお尻を振りながらハイハイする姿は、かわいくてたまりませんでした。

　いろいろな形で作ってみた結果、簡単な型紙を作ったほうが手軽なことがわかりました。大人の洋服を利用するなら、レディースのタンクトップの幅がちょうど良いサイズですが、Tシャツの身頃を生地として利用しても良いですし、ニットやデニムからも作ることができます。

　まずは型紙を作ります。縫い代を含み、縦横30cmの正方形を作ります。大きい紙がなければ、A4用紙の長辺が約30cmなので、これを利用すると簡単です(図A)。足の付け根まわりはカーブを取って切り取ります(図B)。

　最初に両脇をそれぞれ縫い(タンクトップを利用すれば、両脇は切らずにそのまま使えます)、次に前後の股をつなげます。足の付け根まわりは1.5cmほど内側に折り、ゴムの通し口を1cmほど残して縫い付けます。三つ折りにすると生地がヨレて難しいので、二つ折りで縫い付けます。ウエストは2cm幅ほどで三つ折りにし、こちらもゴムの通し口を残して縫い付けます。最後はそれぞれにゴムを通せば完成です。

　Tシャツなど伸びる生地はこの方法で作ることができますが、デニムなどから作る場合は、足の付け根まわりの内側に、バイアステープを縫い付けます。生地が伸縮しないため、足の付け根のカーブに沿って生地を折るのが難しいからです。内側にバイアスを付ける場合は、足の付け根まわりにバイアスを中表に合わせて縫い付けたあと、アイロンで割り、さらに縫った線で足の付け根の内側に折り込みます。縫い代を中に入れ、もう一方の端をゴムの通し口を残して縫い付け、ゴムを通せば完成です。(P99参照)

バルーンパンツはハイハイ期から、よちよち歩きまでぐらいまでのお楽しみです。もっとしっかり歩けるようになってくると、男の子なら活動的なパンツ、女の子ならスカートがしっくりくる時期がやって来ます。短い期間のお楽しみですが、かわいさは抜群。ぜひ作ってみてくださいね。

左は私のカットソーから、右はストールから手縫いで作ったもの

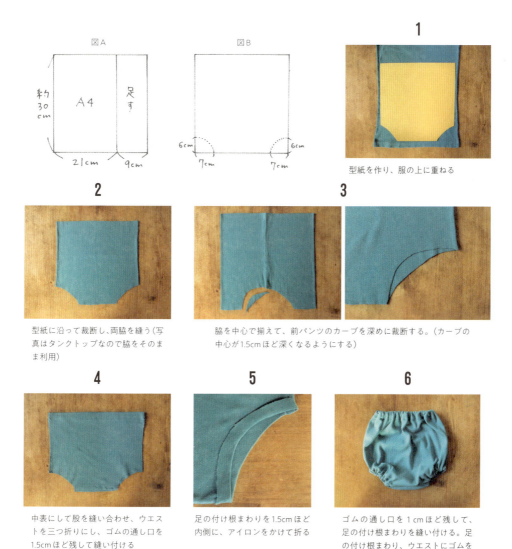

1 型紙を作り、服の上に重ねる

2 型紙に沿って裁断し、両脇を縫う（写真はタンクトップなので脇をそのまま利用）

3 脇を中心で揃えて、前パンツのカーブを深めに裁断する。（カーブの中心が1.5cmほど深くなるようにする）

4 中表にして股を縫い合わせ、ウエストを三つ折りにし、ゴムの通し口を1.5cmほど残して縫い付ける

5 足の付け根まわりを1.5cmほど内側に、アイロンをかけて折る

6 ゴムの通し口を1cmほど残して、足の付け根まわりを縫い付ける。足の付け根まわり、ウエストにゴムを入れればできあがり

03
プレイマット

　まだ息子が寝てばかりの赤ちゃんの頃、友達の家に寝転がったまま遊べるプレイマット（プレイジム）がありました。我が家にはない代物に、息子は興味津々。使わせてもらうと、カラフルな飾りや音の鳴る仕掛けに大興奮。楽しそうな笑顔を見て、我が家にもほしいなと思いました。けれど、なかなか気に入ったデザインのものが見つかりません。ならば、作ってみようと思い立ちました。

　土台部分は大きな座布団をイメージして、手持ちの布をおおよそ正方形に裁断しました。そこに古着や端切れを使って仕掛けを作り、縫い付けていきます。すべて縫い付けたら、中表にして周囲を縫い、途中、使わなくなった綿毛布を入れ、縫い綴じればできあがりです。

　黄色の三角の中には、服の包装などに使われるOPP袋を入れました。触るとシャカシャカといった音がします。ビニール袋の音が好きな赤ちゃんが喜ぶだろうと、真っ先に思い付いた仕掛けです。

　赤と緑のフェルトで作った部分には、綿を詰めた中央に、100円ショップで見つけたソフトトイの中身を忍ばせました。乗ると、キューッと音が鳴ります。これには息子も大喜び。ひとりで座れるようになると、手で押して楽しむようにもなりました。

　黒のコーデュロイの部分には、クッションの中身として使われる発泡スチロールのビーズを入れました。手触りはフニャフニャとやわらかく、サラサラといった音もします。20代の頃、パリの蚤の市で見つけた古着のズボンの裾を使いました。ボロボロになるまで穿いたあと、捨てられずにいたのですが、ようやく使い道が見つかりました。

　いただき物のぬいぐるみやボールには、マジックテープを付けて取り外しができるようにしました。ベリベリと音を立てながら、必死にはがそうとする姿はとてもおもしろいものです。

　グレーの生地は固くて分厚く、引っ掻くとジャリジャリといった音がします。また緑の小さなふたつの四角は、一辺だけを縫い付けて、めくって遊べるようにしました。

　左下の写真中央に見えるオレンジのリボンのようなものは、みかんが入っていた網です。触ると爪が引っかかるのがおもしろいようで、息子にもお友達にも大人気でした。

　赤ちゃんの手の届くところに、ひとりで遊べるアイテムがあるといいものです。手が届く、音も鳴るとわかれば、ひとりで集中して遊ぶようにもなります。

　制作に少々時間はかかりますが、あると便利で楽しいアイテムです。

04
子どもバッグと
コースター

　あれこれ作っていると端切れがたくさん溜まります。ウエスにするものもありますが、かわいい模様を眺めると捨てられず、ついつい残してしまいます。

　以前、アルバムをリリースした際、とあるお店での購入者への特典として、先着でお手製のバッグをプレゼントしました。それらはすべて、リメイクから生まれた端切れを使って作りました。端切れのひとつひとつは小さかったり、使いづらい形をしていたりしますが、組み合わせることでひとまわり大きな新しい生地となり、別の生地に生まれ変わりました。

　手持ちの端切れを眺めて、組み合わせを考えるのが醍醐味です。パズルのピースを合わせるように、ぴたりと来る組み合わせを探したり、思ってもみない組み合わせにハッとしたり。子どもと一緒に選ぶのも楽しい時間です。

　組み合わせを決めたら、できあがりの形に並べて中表にし、縫い合わせ、端にジグザグミシンをかけます。縫い上がったあとは、アイロンで縫い代をどちらかに倒しておくと、次に縫う時に使い勝手が良くなります。

　この端切れのパッチワークを使い、プレゼントのバッグのほか、息子のお出かけバッグを作りました。いくつか作

って、お出かけ用、お買い物用、おやつ入れなど使いわけて楽しみました。

　息子はお買い物用のバッグをとても愛用してくれました。会話が成り立つようになった頃、スーパーで買ったものの中で一番好きなものを選び、息子のお買い物用のバッグに入れて、息子が持って帰るというのがお約束でした。端切れで作ったバッグをレジで差し出し、当時の大好物だった「こんにゃく入れて」と言ったりするので、「え？　こんにゃくがいいの？」とレジの方が笑いながら入れてくださる、といった微笑ましい光景が何度もありました。

　さて、数cm単位の小さな端切れからはコースターを作りました。おおよそ10cm四方になるよういくつか縫い合わせたものを2枚（1枚は普通の生地でも）を中表にし、三辺を縫い、表に返したあと、残りの一辺の縫い代をアイロンで押さえて内側に入れ、縫いとじれば完成です。来客の際のお茶の時間には、お客さまに好きな1枚を選んでもらうことにしています。

　リメイクしにくい形のものも端切れとして使えば、たいていのものは再利用ができます。思い入れのある生地ならなおさら、活用できれば嬉しいですね。

05
ガーランドとぬいぐるみ

　庭作りが趣味で、庭での時間を大切にしてきました。緑を育てるだけでは飽き足らず、私のハンカチなどを使って庭用のガーランドを作りました。庭のガーランドはなくても全く困りませんが、緑の間にゆらめく旗は、想像以上に楽しい気分にしてくれました。我が家の庭を彩る大切なアイテムとなり、今でも活躍しています。

　息子が生まれてからも、ガーランドを作りました。ハイハイで動き回るようになり、おもちゃでも楽しく遊べるようになった頃です。息子のおもちゃのコーナーに、ガーランドがあったらかわいいなと思いました。今度は夫、私、じいじ、ばあば、ひいじいじ、ひいばあばのアイテムを使いました。

　家族のアイテムを使うこともあり、長く使えるようにしようと思いました。ひとつの生地から三角形をふたつ取り、中表にして2辺を縫い合わせて表に返します。これを好きな数だけ作り、縫い代を内側に入れて二つ折りにした2cm幅の布で、旗を挟み込みながら縫っていけば完成です。けれども実際に使ってみると、室内の壁に飾るだけなら、耐久性はさほど必要ではなかったなとも思いました。三角に生地を切って、紐に縫い止めていくだけの、簡単な方法でも良いと思います。

　さて、なくても困らないけれど、作ってみたら楽しかったものに、ぬいぐるみがあります。最初に作ったぬいぐるみは、巳年の年賀状に使うために、もともとカーテンに使っていた生地から作ったヘビでした。

　息子はヘビのぬいぐるみをとても気に入ってくれたので、もっと作ってあげたいと思いました。けれども、息子にこのヘビのぬいぐるみを持たせ、写真を撮り、年賀状にするという目的があったのでなんとか完成させたものの、ゼロから動物の形を作っていくのはかなり手間がかかりました。

そんな時に、IKEAでかわいい鳥がいくつもプリントされた生地を見つけ、これを利用しようとひらめきました。生地の鳥を切り抜いて、まわりを縫い、綿を詰めるだけの簡単ソーイングです。中に鈴を入れて音がするようにしたこともあってか、あまり手間暇かけなかったものの、息子は大喜びでした。

手づくりをするなら、より簡単に、手軽に作れる方法を試してみるのもいいと思います。どちらで作っても子どもは喜んでくれるものです。子育て中なら、なおのこと。作り手の余裕や都合にぴったりくる方法で作るのが、一番だと思います。

くねくねするよう、ヘビの中身には発泡スチロールのビーズを。鈴も入れたので、音を鳴らしたい息子がヘビと格闘

06
ハギレで目印

息子が幼稚園に入園する際、「お弁当包みや箸袋」(P24)のほかにも、手づくりでの準備がいくつかありました。そのひとつが、すべての持ち物に名前を書く代わりに、本人のものとわかる目印を付けること。例えばその子どもが好きな動物や果物など、もしくは名前にちなんだ何かを小さく刺繍するのが定番だそうです。けれども私はコツコツとした作業はあまり得意でないので、刺繍は早々に諦め、何かほかの目印を考えることにしました。

リメイク用のストックから探してみると、夫のピンクのチェック柄のシャツが目につきました。ピンクは、当時の息子の好きな色だったことと、何より目立つので、目印にはちょうど良いと思いました。ただ、このシャツの身頃はお弁当包みに、袖からは箸袋をすでに作ったあとだったので、端切れが残っているだけ。それでも必要なのは少量だからと、端切れをさらに小さく裁断して、縫い付けてみることにしました。

毎日交換するタオルには、ひっかける紐を付けることになっていたので、紐をピンクの生地で押さえて縫い付けて

家で使うタオルには、いろんな柄を

みることに。タオルはIKEAで買ったものや、いただいた今治のものだったり、さまざまな出所でしたが、同じ目印を付けてみると、思っていた以上に統一感が出ました。

ちなみにタオルに付けた紐は、服などを買った時にもらう紙袋の持ち手だったものです。立派な紐が付いていることも多く、ゴミを分別する際に、なんだかもったいなくて取っておいたものが役に立ちました。

毎日被っていく帽子にも目印を付けました。市販の帽子ですが、ブランドのマークを隠すように縫い付けたら、オリジナルの帽子のようになりました。

お着替えを入れておく袋は、端切れの中でも一番大きく残っていた部分と、私のリネンのスカートからの生地をはぎ合わせて作りました。目印の生地を使っているので、名前は書かなくとも、息子のものだとわかるようになったと思います。

生地を縫い付ける目印は簡単で、視覚的にもわかりやすい方法です。つい先日まで夫が着ていたシャツだったこともあり、おとうさんの！ と息子が喜んでくれたのも良かったことです。古着の端切れも無駄なく使い切ることができて、達成感もいっぱいです。端切れの使い道として、試してみてくださいね。

幼稚園で必要なものに、延長保育用のお昼寝ケットがありました。息子が少しでも安心して眠れるように手づくりしたいと思いました。

お昼寝用なので、子どもの布団ほどの大きさの生地が必要になります。改めて生地を買うこともできましたが、少しずつ残っている生地を足していけば、必要な面積にはなりそうです。

派手な柄物はNGだったため、無地の端切れを先に選んでおき、息子と一緒に配置を考えることにしました。紺色とピンク、黄緑色のリネンや綿の生地は、私のスカートを作った残り、水色のダブルガーゼは、息子が1歳の頃に作ったパジャマの残りです。紺色の隣は何色が良いかな？と相談しながら並べていきました。

配置が決まったら、重なる部分をはぎ合わせていきます。すべてがつながったら、たくさんあまっていたダブルガーゼを同じ大きさに裁断し、2枚を中表にして一辺を残して縫い、表に返して最後の一辺を縫えば完成です。

息子に意見を聞いたことで、とても喜んでくれました。お昼寝の時間が来るのも楽しみになったようです。あまりものの端切れで大物を作ることができました。

このほかに、端切れをつないで作ったものにクッションカバーがあります。青系の色が好きで、端切れのストックにも多くあることに気付きました。端切れの組み合わせを考える時、いろいろな模様が並ぶとうるさくなってしまいますが、色味を合わせればうまくいくように思います。青系、赤系と色味を決めて選んでいくだけなので、とても簡単です。

07
お昼寝ケットとクッション

クッションカバーには、夫や私の古着に加え、母が長年ストックしていた生地や祖母のスーツ、最近、お気に入りのmiiThaaiiのルンギ生地（インド綿）など、年代も地域もバラバラな生地が並びました。しかし青というくくりのおかげで、きれいに寄り添ったと思います。どれも私の好きな青だから、うまくいったのかもしれません。

大きさは違いますが、クッションの作り方は、「コースター」（P42）と同じです。同じ大きさのパッチワークを2つ用意し、中表にして三辺を縫い、表に返してヌードクッションや綿を入れ、最後の一辺を縫えばできあがりです。

残り布や端切れは使い道に悩むこともありますが、つなぎ合わせて大きなものに作り変えたり、違った用途で役立てることもできます。何かを作りたくなったら、まずは端切れを確認してみることをおすすめします。素敵なものが仕上がるヒントが残っているかもしれません。

↓

08
マザーズバッグと バッグインバッグ

出産後、自分の洋服の趣味ががらりと変わりました。演奏の仕事で派手めの服を着ることが多かったので、その反動か、普段の装いは黒ばかり。真っ黒なクローゼットからでは、子どもとのバランスがどうにも取れなかったのです。

生まれた頃の息子には、白が似合うと思いました。新生児特有の、やわらかで透明感のある匂いにぴったりだと思ったからです。少し動きが出てくると、赤や黄色といった元気な色が似合うように。男の子らしく明るめの緑や青も取り入れていきましたが、黒やグレーを着せたいと思うことはありませんでした。当然、息子と私の服が全く合いません。一緒に出かけるにも、アンバランスさが気になってしまい、私自身の服も自然とカラフルなものへと変わっていきました。

同様にバッグも、それまでのものが使えなくなりました。色はもちろん、かっこいいと思っていた複雑なデザインは、息子を抱っこしながら使うには中身が取り出しにくく、不向きでした。

バッグなら直線縫いだけで仕上がるので、手づくりすることにしました。手持ちの生地や、実家や祖父母宅に眠っていた生地を利用して、新たにやってきたカラフルな服に合わせました。取り出しやすいトート型にして、内側にはポケットを多めに。手提げにも肩掛けにもなるようにと、使いながら改良していきました。色合いも使い勝手も随分と良くなりました。

1　　　　　　2

同じ幅で、高さの違う布を用意する。それぞれの上下の辺を三つ折りにして縫う

2枚を重ね、底になる部分（中央を横に）と、ポケットの仕切り（好みの幅で縦に）を縫う

残り生地で、バッグインバッグも作りました。赤ちゃんとお出かけするには、こまごまとした荷物がいっぱいあることに気付き、それらをさっと取り出し、使えるようにできたらいいなと思いました。

バッグインバッグは、必ず持って出かけるオムツから、おおよそのサイズを決めました。横になる辺は三つ折りにして縫っておき、同じ大きさをの生地を数枚重ね、半分に折って両端を縫えば、仕切りのあるカバンになります。同じ幅で高さを変えれば、外側や内側のポケットになります。

また両端を縫い合わせる前に、長い生地に短い生地を乗せ、縦に1本縫い目を入れておけば、ポケットの仕切りになります。いつも持ち歩くベビークリームや体温計がすっぽりと入る、細い幅のポケットも役に立ちました。最後に、市販のカバン(持ち手)テープや端切れから作った持ち手を付ければ完成です。

オムツなどを持ち歩かなくてもいい年頃になったら、子どものバッグとしてお下がりにしてもいいですね。

おむつを入れるならブックカバーのような形も使いやすい

3

仕切りの縫い目を入れたところ。端は返し縫いを何度かして丈夫にする

4

中表にし、半分に折って両端を縫い、必要あれば底辺の角にマチを取る

5

表に返し、持ち手を縫い付ければできあがり

09
カラフルマスク

息子は気管支が弱く、咳をすることが多くあります。風邪ではない場合もあるのですが、それでも咳をしている時に公共機関を利用したり、病院に出向いたりする際に、まわりへの配慮としてマスクが必要になります。けれども息子はマスクが大嫌い。「マスクをしなさい！」「マスクいや！」の押し問答を何度もくり返したことでしょう。

ある日、薬局でアンパンマンのマスクが売っていて、アンパンマンならしてもいいと言うので買いました。またある日は、新幹線の駅でドクターイエローのマスクが売っていて、ドクターイエローならしてもいいと言うので買いました。しかし実際に咳が出た時に、どちらのマスクも頑なに拒むのです。これには私も堪忍袋の緒が切れました。「なんでマスクをしないのよ！」「マスクいやだからー！」「アンパンマンかドクターイエローならするって言ったでしょ！」「かっこわるいからいや！　絵が描いてあるから恥ずかしい！」「じゃあ白いマスクをしなさい！」「白はかっこわるいからいや！」

しばらくして、「いろんな色とかお花の模様ならいいけど……」とぽつりと言いました。「いろんな色だったり、お花なら本当にするのね？」と念を押し、それなら作ってやろうじゃないのと、怒りとともに端切れを漁りました。

1

好みのマスクの大きさを想定して、ダブルガーゼを折りたたむ

2

はぎあわせた端切れの上にダブルガーゼを乗せ、上下左右に5cmほどの縫い代を足して裁断する

あとにも先にも、こんなに怒りに満ちた状態で何かを作ろうと思ったことはありません。

さて、勢いに任せていくつかのマスクができあがりました。端切れを組み合わせていろいろな色にし、息子の希望の花柄も取り入れました。口にあたる部分は、赤ちゃんの頃に使ったダブルガーゼを2、3度折りたたんで使いました。はぎ合わせておいた端切れは、上下は縫い代を折りたたむと少しはみ出るぐらいの長さに、左右はゴムを通す部分として三つ折りできる長さをとって裁断します。アイロンをかけながら折りたたみ、上下左右を縫い付けて、最後に耳にかけるゴムを通せばできあがりです。細くやわらかいものを代用しましたが、マスク用のゴムも売っています。

息子は、花柄のマスクを喜んで着けました。男の子なのに？ と思うかもしれませんが、息子は花が大好きで、重要なアイテムなのです。実は、白いマスクがしっくりこないと私自身も感じていました。楽しい柄のマスクができたので、病院の待合室では私もお手製のマスクを着けています。何枚かあれば、洗濯しながら使いまわせます。マスク嫌いなお子さんなら、好きな柄を選んでもらってから作るといいかもしれませんね。

端切れの上下を折りたたみ、ダブルガーゼの上下を縫い付ける

左右を三つ折りにしてダブルガーゼの端に重ね、縫い付ける（角の縫い代の始末はP98参照）

ゴムを通せばできあがり

マフラー

ニット帽・ミトン

10
ミシンで縫う
リメイクニット

　大きいお腹をさすりながら、はたまたそばにいる赤ちゃんを愛でながらのんびりと編み物をする……、というのが夢でした。けれども実際には、しばらく働けないだろうと出産の3日前まで仕事をし、産まれてからは、慣れない育児でてんやわんやの毎日。のんびり編み物なんて夢のまた夢でした。
　それでもやはり冬に入ると、小さな息子に手袋や帽子を

編んであげたいと思いました。編んであげたいけれど、時間のかかる編み物では、冬が終わるまでに完成する気がしません。ならば、縫ってみようと思い立ちました。縫うだけなら、息子が昼寝している間にできるかもしれません。探してみると、ニットやマフラーなど出番がなくなっていたものがありました。
　2枚合わせになっていた私のマフラーは、筒状に裁断し、先をすぼめれば、帽子に。次に、息子の手形からおおよそのサイズで裁断し、周囲を縫い、ひっくり返して手袋に。手首のまわりにゴムを入れ、鎖編みした毛糸で左右をつなげました。
　縮んだじいじのセーターは、まず、「袖パンツ」（P8）に。身頃は、首まわりはそのまま利用し、脇や肩はカットして縫い合わせてベストに。ついでに、じいじが愛用していたマフラーを継ぎ足して模様にしました。見よう見真似で作ったので、袖ぐりの大きさが違うのはご愛嬌。
　ひいじいじの赤いセーターは、袖を外してから、首まわりを利用して息子に合うサイズに裁断し、袖や身頃の裾を付け直すなど、試行錯誤して小さなセーターに作り直しま

ひいじいじのセーター

ニット

腹巻き

帽子

した。チクチクしないよう、首まわりの内側にはガーゼを縫い付けました。あまったセーターの身頃の下部は、息子のお腹まわりのサイズにカットして縫い合わせたあと、ほつれぬよう、かぎ針編みの細編みで縁取りして腹巻きに。

さらに、あまった袖を利用して帽子にも。あたたかく、かつチクチクしないように、帽子の内側にはフリースを縫い付けました。頭の先がとんがった形にしたかったので、いくつか型を作り、ピタリとくるデザインを探しました。

ミシンでの縫いやすさを考えたら、伸び縮みしないコットンやリネンが一番です。でもニットを縫ってみて、ニット生地の良さもわかってきました。私は裁縫のプロではないので、まっすぐ縫うのすらうまくいかないこともあります。けれどもそんなコンプレックスを、ニットは優しく受け止めてくれるのです。ニットは生地がやわらかいため、縫い目が埋もれることが多く、少々曲がろうが、縫い直そうが、あまり目立たないのです。これは大きな、そして嬉しい発見でした。

さらに、伸縮するニットを扱えるようになれば、たいていのものは何でも縫えるようになります。おかげでますますミシンが好きになりました。調子づいて、息子の服をどんどん作っていきました。

トラッドな柄が素敵で捨てられなかった夫のニットソーも、息子の服にリメイクしてみることに。まず、袖から袖パンツに。袖が少し残ったので、脇を縫い込んでトップスに。これは、首まわりをそのまま利用する「スモック風Tシャツ」(P14)と同じ作り方です。

さらにあまった身頃の下部の裾をそのまま利用し、上辺を三つ折りにして、鎖編みした毛糸の紐を通し、先にポンポンを付けてポンチョに。1つのニットソーから、3つのアイテムができました。

赤ちゃんの頃、このポンチョが大活躍しました。少し冷えてきたかな？　と思う時、抱っこ紐で抱っこしたままでも、遊びに夢中でこちらを向いてくれなくても、さっと頭から被せることができたからです。グズグズしていると、上着やカーディガンの袖を通すのさえ、難しい時があります。けれどもポンチョなら、さっと羽織らすことができ、とても重宝しました。

実は、私の毛糸のパンツからもポンチョを作ったことがあります。買ってはみたものの、裾のフリルが邪魔でほとんど穿かずにしまい込んでいたものがあったのです。まず、股のつながった部分を切って外します。ウエストのゴムを抜き、正面に穴を開け、鎖編みした毛糸の紐を通し、先にポンポンを付ければポンチョの完成です。

紺のポンチョは息子に、赤は姪っ子にプレゼントしました。ポンポンがついているおかげか、息子も姪っ子も大喜

パパのニットソー

↓

ポンチョ・
スモック風Tシャツ・
袖パンツ

び。どちらも愛用してくれました。もちろん元々は私の毛糸のパンツだった！　なんてことは内緒ですよ。

　さて、ニットを縫うなら、ニット用のミシン針、ミシン糸を使ってくださいね。普通のミシン針、ミシン糸でも試しに縫ってみましたが、縫うことはできても、伸びる生地に糸がついていかず、着用中に糸が切れてしまいました。ニット用の針と糸でスタンバイしたら、いつもより細かい縫い目にし、生地の上下を両手で押さえながら縫うとうまくいきました。また、仕上げにミシン目にアイロンをかけると、うまく縫えていないようでも落ち着きます。

　ニットは編むものと思い込んでいましたが、縫ってみると、あっという間に作れ、また、いらない服のリユースもしやすく感じました。ニットを縫う。なかなか時間が取れないお母さんたちに、おすすめしたい方法です。（ニットの取り扱いについてはP95「ウールのフェルト化のすすめ」も合わせてお読みください）

毛糸のパンツ

↓

ポンチョ

Column 02 使い道の決まらない生地は？

　かわいらしさに負けて、ついつい生地を買ってしまうということがありませんか？　かくいう私も、ミシン糸を買うついでに、息子が喜びそうなどと理由を付けては、買ってきてしまった生地がけっこうあります。けれども目的なく買ってしまった生地は、結局しまい込んだまま、出番がやってこないものです。目につかないところに入れてしまうと、数年間もそのままにということもあるかもしれません。

　生地に限らずですが、使ってこそ、その役目を果たせるというものです。もし何を作るかアイデアが生まれないのなら、しまい込んでおくよりは、ほつれないよう端だけでも縫っておくのをおすすめします。端を縫ったらカゴなどに入れ、目に付くところに置いておきます。

　端を縫っただけの、サイズもバラバラな布であっても、日々のちょっとした場面で使えることに気付きます。お弁当包みに、風呂敷がわりに、ランチョンマットやテーブルクロスになど用途はいろいろ浮かびます。子どもが遊び道具として使うこともあります。

　ピクニックや公園で敷くシートの代わりにも使えます。たいていはシートとしては薄手なので何枚か重ねたり、ビニールシートの上に重ねることもあります。ビニールシートよりも布地のほうが見た目も座り心地もあたたかで、楽しい雰囲気にもなります。食べ物や泥で汚れても、洗濯しやすいのが良いところです。

　また来客がある時に、隠しておきたい生活用品の上にそっと被せておくということにも良く使います。一時的なことですが、部屋がすっきり見えるのは気持ちの良いことです。

　我が家ではピクニック用のカゴにいれて、台所に置いてあります。何かと出番が多いのは、長くいる台所に置いてあり、よく視界に入るからかもしれません。

　あまりに長すぎるものはのぞいて、買った大きさのままで端を縫うのがおすすめです。もしかしたら別の用途で使ううちに、「そうだ！これを作るのにぴったりかも」とアイデアが生まれることがあるからです。端を縫ってあるだけの生地なら、作り変えることも簡単です。

Column 03 生地を最後まで活用しよう

CDや本などは売ったり人にあげたりと、どんどん手放してしまうのですが、生地となるとどうも思い入れが強くなってしまい、とことん使う方法を考えるのが楽しみにもなっています。この本でもいろいろとご紹介していますが、生地の行く先はほかにもあります。

カラフルなデザインがかわいくて捨てられずにいた息子の靴下は、くるみボタンにすることにしました。100円ショップに簡単なキットが売っていて、子どもと一緒に楽しむことができます。かわいい図柄を残すことができ、またボタンとして生まれ変わるので一石二鳥。何にも使えないような、小さな面積の端切れを活用することができます。同じような方法で作ることができる、バッチもいいかもしれません。

好きなデザインだけれど、A4ほどしか残っていなかった布は、薄い紙箱に糊で貼り付けて、ファブリックボードにしました。短時間で仕上がるうえ、部屋に飾れば素敵なアクセントになります。

リネンのあまりがあれば適当な大きさに裁断

して、余裕があれば端を縫い、布巾にします。ハンドタオルや布オムツは当然のことながら、ぞうきんになってから一生を終えています。

それでも使いきれない生地は、裁断してウエスにします。とくにTシャツは吸水力もあり、ウエスに最適です。カゴに入れて台所やリビングに置いておき、ティッシュがわりに使います。指の汚れや、テーブルにこぼしたものをさっと拭くのに重宝します。我が家ではウエスの活躍する場面が多いので、箱型のティッシュは風邪をひいた時ぐらいにしか登場しません。

また、子ども服や子どもの靴は海外の途上国の支援団体に、バスタオルや毛布は動物園、動物愛護団体に、シーツなど大きめの生地はファイバーリサイクルなどに寄付しています。もしかしたらご近所に、慈善団体に寄付をするリサイクルショップもあるかもしれません。ほかにもあらゆる寄付を受け付けている団体があるので、ネットで検索してみてください。ゴミとして出し、燃えかすにしてしまうよりも、もっと活用できる方法がきっとあると思います。

3章 *Handmade*

子どもと一緒に手づくり遊び

子どもの成長や興味に合わせて、
一緒にできることはたくさんあります。
季節の移ろいを教えてくれるのも、
子どもと過ごす時間かもしれません。
大人もたまには"子どもの心"で楽しんでみませんか。

01
ポンポンを飾ろう

　生まれたばかりの赤ちゃんは、目がよく見えないものなのですね。息子も最初はぼんやりとしか見えていない様子でした。生後2ヶ月ほど過ぎた頃から、少しずつ見えるようになってきたようで、だんだんとものを目で追うようになりました。

　とはいっても、仰向けで寝てばかりいる赤ちゃんの視界は限られます。少しでも楽しめるように、天井に何か仕掛けがほしいと思いました。

　まず、あまっていた毛糸を使って、ポンポンを作りました。親指を除いた4本の指に毛糸をぐるぐると100回ぐらい巻き付けたあと、真ん中を別の紐でぎゅっと強く結び、丸くなるようにハサミでカットする作り方が簡単です。100円ショップにもポンポンを作るキットが売られているので、利用してもいいですね。

　ポンポンができたら、リボンや紐で結わえ、天井からぶら下げました。ついでに友達が作った毛糸のコースターや、オイルサーディンの空箱もぶら下げてみたら、なんだか賑やかになってきました。

　天井には、マスキングテープを使って貼り付けました。もし落ちてきてしまっても、マスキングテープや紐、毛糸ならば危なくありません。

　ポンポンを手に取って遊ぶこともできます。ポンポンを遠くに投げると、あっちへこっちへと大胆に移動します。これは息子にも大好評で、笑いを引き出すこともできましたし、おむつ替えをする時に注意を引くのにも、大いに役立ちました。また、息子の手がよく動くようになる頃には、

ポンポンに手を伸ばすようになり、楽しい遊び道具にもなりました。

　ポンポンをぶら下げてみて、部屋が楽しくなったことも良かったことでした。生まれてからしばらくは、赤ちゃんとお母さんが同じ場所で多くの時間を過ごすことになると思います。かくいう私も、一日のほとんどを家のリビングで過ごしていました。長い時間を過ごす場所は、お互いにとって好きな場所であってほしいです。

　とくにこの頃は、昼夜問わずの授乳で慢性の睡眠不足。育児にも慣れていなくて、気分が落ち込むことも多かった気がします。自分の好きな色で、飾り付けを楽しむことで、そんな気持ちを少し和らげることができました。お母さんが嬉しいと、赤ちゃんも嬉しいですし、お母さんの機嫌が良ければ、赤ちゃんも機嫌が良くなります。この時期は本当に一心同体です。天井からポンポンをぶら下げただけのことでしたが、良い効果がたくさんあったなと記憶しています。

1 親指をのぞいた4本の指に毛糸を100回ほど巻く

2 輪を崩さないように手から外し、別の毛糸で中心をきつく結ぶ

3 一度結んだあと、もう一度結ぶときつく締まる

4 輪の外側にハサミを入れて切り開く

5 毛足の長さを揃える

できあがり

02
好きなもの スクラップブック

　息子は電車が大好きです。生後8ヶ月になった頃、乗り物に興味を示すようになり、バスや電車に向かって自ら手を振るようになりました。運転手さんが手を振り返してくれたことがとても嬉しかったようで、乗り物となると俄然、テンションが上がるようになりました。
　息子の喜ぶ顔が見たくて、駅の改札口などに置いてある、電車の写真が使われた鉄道会社や旅行会社の無料パンフレットを持ち帰るようになりました。眺めるだけでも息子はとても楽しそうでしたし、ぐずった時に見せることで、気を引くこともできました。
　しかし、集めていくうちにかなりの量になってしまい、仕方なく電車の部分だけを切り抜いて、ノートに貼り付けることに。ただひたすらに貼り付けていくうち、気付けば世界にひとつだけの、オリジナルスクラップブックが完成

していました。
　電車の写真を切り抜いて、糊で貼っただけのもの。たったそれだけのことなのですが、見応えもあり、なかなかおもしろいものになりました。
　あれこれと貼り付けてみたところ、テーマを決めれば飽きずに眺められると気付きました。例えば、正面の顔だけを集めたり、左向きの電車だけを並べたり、似たような形のものを並べたりすることで、まとまりが出ます。新幹線だけを集めたり、鉄道会社ごとのページを作っても、楽しいページになりました。
　私がせっせと切り抜いて貼っていたら、息子も糊付けを手伝うようになりました。好きなところに貼っていいよと言ったら、電車の上に電車を貼り付けました。大きな電車の天井に小さな電車を乗せたので、どうしてここに貼った

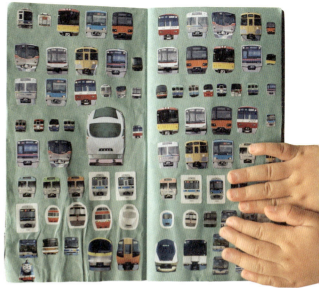

65

の？　と聞くと、好きなもの同士を並べたかったとのこと。大人なら考えつきそうもないレイアウトに、なるほどと学ぶこともありました。

　さて、スクラップブックからヒントをもらって、コーヒーのタンブラーにも電車を貼り付けて、カスタマイズしました。切り抜いたのは私ですが、糊付けしたのは当時2歳の息子。こちらもおもしろい仕上がりになりました。

　スクラップブックもタンブラーも、この世にひとつだけのオリジナル。息子が喜ぶのはもちろん、友達親子とお出かけした時に誰かがぐずりだしたなら、これらの出番です。さっきまで騒いでいた子どもたちが、見たこともない本やタンブラーにくぎ付けになって、あっという間に静かになってくれるのです。

台紙を入れ替えられるタンブラーなら、好きなデザインに

03
ペタペタ折り紙

　電車好きの息子のためにと、赤ちゃんの頃から電車の切り抜きをノートに貼り続けてきたせいか、息子は大の糊付け好きになりました。糊付け好きを利用して、破れた襖や障子に折り紙を貼れば、補修できるなと思い立ち、一緒にトライしてみることにしました。
　襖にペタペタと折り紙を貼り付けてみれば、カラフルに変化していくのがとても楽しくて、息子も私も大盛り上がりに。すべて貼り終える頃には、壮大な作品に仕上がっていました。
　どんどん穴が開いていく障子には、その都度、折り紙を貼り付けていきます。プレスクールで作ってきた七夕飾りや、描いてきた絵も一緒に貼れば、楽しい空間になりました。
　さらに、こまごまと増えていくおもちゃの収納に使えればと、空き箱にも折り紙を貼り付けることにしました。丈夫で、小ぶりなサイズがちょうど良いので、子どもの靴箱が役に立ちます。息子に好きなように貼ってもらい、隙間

を私が埋めるというチームプレーで、だいたい良い感じに仕上がります。

　こうしてなんとなく始めた箱作りですが、期せずして、お片付けのきっかけとなりました。この箱には車、この箱には電車、この箱にはかばんと用途を決めると、そこに自ら戻してくれるようになったのです！　自分で作った箱はやはり特別なようです。お気に入りの電車をいそいそと箱に詰めて、枕元に置いて眠りにつくこともあります。ほほえましくもあり、母としても嬉しい瞬間です。

　小さな子どもがいると、片付けても片付けても散らかり続ける部屋に、ため息をつきたくなるものです。もちろん毎日、必ずとはいきませんが、自ら片付けをしてくれるなら、それだけで嬉しいものですよね。

　お子さまの靴を新調したら、空き箱に折り紙をペタペタと貼り付けて、お片付け箱を作ってみてはどうでしょう？　楽しく作った箱があれば、お片付けのきっかけになるかもしれません。

04
電車の紐レール

　男の子のいるご家庭なら、プラレールなどの電車のおもちゃが何かしらあるのではないかと思います。我が家も同様です。といっても、おもちゃを与えすぎないようにしようと、夫と話し合っていたので、我が家で買ったものはほとんどないのです。それでも自然と集まってくるのですね。じいじやばあばは孫に買ってあげたいし、お友達からのお下がりもやってきます。

　けれど、たまたまレールはやって来ませんでした。だからといって、やはり買うのははばかられます。ならば、我が家特製のレールを手持ちのもので作ってみようと思い立ちました。

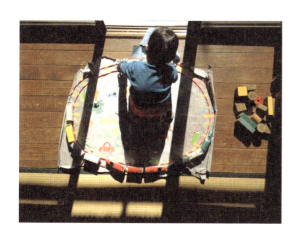

上に見えるのは、お菓子の箱のフタと本体をつき合わせたトンネル

　まずは、模造紙にレールを描いて、ねじ巻きの電車を走らせてみることに。しかし、いまいち盛り上がりません。その後、遊びに来てくれたお友達のママがヒントをくれました。描いた線路の上に割り箸を貼り付けて、レールの雰囲気を出そうとしたのです。割り箸レールに沿わせて電車を走らせると、それらしい雰囲気になり、みんなで大盛り上がり。

　しかし、カーブのあたりがうまく行きません。今度は、カーブを描きやすい紐でレールを作ってみることにしました。2本の紐をマスキングテープで貼り付けて固定すれば、レールらしくなりました。早速、走らせてみると、2本の紐の間に電車がきれいに収まり、脱線することなくスムーズに一周できたのです。これには大歓声が上がりました。

　電車が脱線しないよう、太めの紐を使い、なるべく浮かせるように貼り付けるのがポイントです。電池が減ってきたゆっくりめのプラレールやブリキのねじ巻き式のものなど、のんびり走る電車が紐レールにはぴったりです。

　息子はこの紐レールがたいそう気に入ってくれて、ボロボロになるまで1年以上は使ったと思います。体調が悪く、終日家で過ごさなければならない時には、本当に重宝しました。台紙にした模造紙には絵を描いたり、折り紙を貼り付けたり、時には積み木でトンネルや鉄橋を作ったりして、紐レールはどんどん進化していきました。

　既製のおもちゃが悪いとは思いませんし、レールがたまたま我が家にもやって来たなら、電車同様に受け入れていたかもしれません。でも、なければないで、新しい遊び方を考えるチャンスです。どうしようか、こうしようかと子どもと一緒に試行錯誤するのは、なんとも楽しい時間です。

　レールの数が足りないとか、いつも同じ形だな、などと思うことがあったら、紐レールをぜひどうぞ。一緒に作れば、きっと盛り上がりますよ。

05
木の実と花飾り

　息子は花が大好きです。赤ちゃんだった息子を抱っこして散歩する道すがら、黙って歩くのがつまらなくて、これはローズマリー、小さな青い花がつくんだよ、これは胡桃の木、そろそろ実が落ちてくるかな、といった具合に、花や木の実の話ばかりをしていました。そんな毎日を過ごしたせいか、息子は言葉も出ないうちから、花や木の実を見つけると、指を差して私に教えてくれるようになりました。

　歩けるようになってからは、自らすすんで花を触ったり、匂いを嗅いだり、全力で楽しむようになりました。おもちゃを買って！　と駄々をこねることはないのですが、お花を買って！　と花屋さんの前で寝転がって号泣され、困り果てたことは数知れず。気付けば、筋金入りの花好き男子に成長しました。

　庭では、息子が選んだ花を育てています。それでも飽き足らないようで、花を求めて散歩に出ます。道端に咲いている花、落ちていた花はもらってもいいというルールですが、たくさんの花が集まるものです。

　花を飾るのは、2歳の頃から息子の仕事です。市販の梅酒などが入っていた小瓶を、花瓶代わりにしています。丈夫で割れにくいので、子どもにも扱いやすいからです。小瓶はいくつか並べておくのがおすすめです。大きな花瓶に花をたくさん活けるよりも簡単で、子どもにも飾りやすいと思います。

　さて木の実も大好きなものですから、息子のポケットはたいていパンパンに膨らんでいます。赤や黄色の実、ドングリに松ぼっくりなど、拾って眺めては、かわいいねえと言って、どんどんポケットにしまわれていくからです。

　集めた木の実は、一度よく観察して、傷んだものは庭の土に還し、きれいなものを専用のお皿に並べることにしています。木の実はお皿の上で自然に乾いていき、季節が冬

に差しかかる頃には、乾いた木の実と草花で、美しい一皿ができあがります。うっとりと眺めるしかない、自然の美しさにため息が出ます。

　きれいに乾いたので、玄関の壁にもディスプレイすることにしました。草花や木の実の茎や枝を、壁と画鋲で挟むようなイメージで留めていきます。透明や白の画鋲を使えば画鋲が目立たず、草花が浮き立つように見え、きれいな仕上がりになります。

　季節が感じられる花や木の実は、子どもにとって最高のおもちゃだと思います。一緒に名前を調べたり、色や匂い、形の違いに気付いたり、数をかぞえる練習も自然にできます。息子が選んで連れてきた大切な宝物。いろんな形で楽しみたいと思います。

06
ハギレでリボン

　庭作りが趣味の私と一緒に、小さな頃から土を触ってきたこともあり、息子と花は切っても切れない間柄です。今住んでいる家に越してきた時には、自分の好きな花を植えて育てたいと言い、息子専用の花壇を作ることになりました。自分で選んで植え付けた花なので、思い入れもひとしお。庭での時間がますます楽しくなったようです。

　そうして庭で育った花は、家に飾るほか、花束にして誰かにプレゼントします。お友達に、ばあばに、顔なじみのカフェやパン屋さんに、お向かいさんや隣の大家さんにと、花束を作っては届けるのが、休日の息子の仕事です。花束を入れたエコバッグを三輪車にひっかけて、花束配りに出かけます。

　花のセレクトは息子で、私は束ねる役でしたが、5歳を過ぎた頃、束ねてリボンをかけるところまで自分でやるようになりました。花やハーブ、雑草も加えて、その季節をまとめていきます。包装紙があればいいのですが、切り紙に使ってしまうことも多いので、雑誌のページをちぎったものや大きな封筒を開いて裏返したもので代用したり、なければ紙で包まずにそのままで、最後にリボンをかけます。

　リボンは市販のものではなく、1.5cmから2cmぐらいの幅で長く切った端切れをよく使います。かわいい柄であればもちろんですが、無地のTシャツのような無愛想な生地でも、かわいいリボンになるとお友達に教わりました。Tシャツやカットソーなど伸縮する生地を2～3cmほどに切って左右にひっぱると、くるりと丸まって細長いリボンに早変わり。形が変わると不思議なもので、Tシャツの生

地に見えません。これらの生地はほつれにくいのも良いところです。

　リブのタンクトップやカットソーなどもおすすめです。リブに対して垂直に切って引っ張れば、ひらひらとした優しい雰囲気のリボンになります。綿やリネンの生地は切っただけではほつれやすいのですが、そのほつれも含めてナチュラルな雰囲気となり、花束にはぴったりだと思います。

　ちょっとした贈り物にも端切れのリボンは大活躍します。端切れの布とリボンでお土産を包んでもいいですし、空き瓶に小さなプレゼントを入れて、フタの部分に端切れの布を被せてリボンで結わえるのもかわいいです。息子は、端切れのリボンと布を使って、お人形を作ることもあります。使い道はいろいろとあります。

　大好きで捨てられずにいる生地や端切れがあれば、誰かへの思いを伝えるお手伝いに、使ってみてくださいね。

07
ハギレでオーナメントとブローチ

幼稚園に入園する前年に、シュタイナー幼稚園のプレスクールに通いました。母子分離で子どもだけのクラスだったので、少しでも仕事ができればと思ってのことでしたが、プレスクールでの有意義な時間のおかげで、目から鱗が落ちるほどのたくさんの気付きがありました。

息子にとっては、母抜きで遊ぶことで友達との距離がぐんと縮まったことが良かったのではと思います。私にとっては、日常生活のあれこれやお手伝い、手仕事など、息子ひとりでできることが飛躍的に増えたことに驚き、そしてとても助かりました。

例えば、トイレトレーニングもお箸の使い方も、お友達の真似をすることでみるみるうちにできるようになりました。また、歌いながら布を広げる、たたむということを覚え、布団にシーツを被せたり、洗濯物をたたむお手伝いを率先してやってくれるようになりました。

知らず知らずのうちにまだできないと決め付け、私が手を出していたことに気付かされました。子どもに任せれば、ひとりでもできることが随分とあったのです。

中でも一番印象に残っているのが、針を使った縫い物で

す。ちょうど3歳になった頃、プレスクールでの遊びとして、針と糸を使って、小さい四角に切ったフェルトをいくつも通したオーナメントを作ってきました。3歳で針を扱えることに驚愕しました。針は危ないからと、縫い物をさせるという発想すらなかったからです。

　早速、家でも一緒にやってみることにしました。フェルトのストックからは、私がマスコット作りに精を出した小学生の頃の、1cm単位の小さな端切れが出てきました。なけなしのお小遣いで買った大切なフェルトだったので、もう何にも使えない大きさでも捨てられなかったのです。それらを渡すと息子は喜び、どんどん針に通していきました。数十年経って役に立つ日が来るとは思ってもみませんでした。こうして大切なフェルトのこまぎれは、かわいいオーナメントに生まれ変わりました。

　ほかの端切れやボタンも渡してみると、いろいろな表情の、カラフルなオーナメントが次々とできました。通園のリュックにぶら下げたり、裏に安全ピンを付けてブローチにして、普段の洋服や衣装に合わせて楽しんでいます。

　もし子どもが興味を持ったなら、親子で一緒に縫い物にトライしてみてはどうでしょう？　刺繍針や毛糸針など太めの針を使えば、先が尖りすぎていないので安心感があります。大人がそばについている必要はありますが、子どもに任せれば、思ってもみない表情の豊かな作品が生まれることと思います。

08
お絵かき
クッション

　ある日、買い物途中に、息子が「クレヨン買ってー」と お願いしてきたものが、たまたま布用のクレヨンでした。 本人は普通のクレヨンと思っていたようで、私も「クレヨ ンは持ってるでしょ？」と言いかけたところでしたが、こ れはとてもおもしろそうだと、購入。早速ふたりで試して みることにしました。

　以前の家で押入れの目隠し代わりに使っていた、黄色い 綿の生地があまっていたので、これに描いてみることに。 絵は息子に任せ、私は描きやすいように布をピンと張る役 に徹しました。お絵かきや塗り絵がブームでもあったので、 息子は家や虫、滑り台などが合体した、なんとも不思議な、 おもしろい絵を描きあげてくれました。

　お絵かきというと白地に描くイメージがありますが、た またまあまっていた黄色い生地を使ったことでベースがカ ラフルになり、楽しい仕上がりになったのが収穫でした。 黄色でなくても、ピンクや水色、黄緑といった色の上に描 いても良さそうです。また、Tシャツのような伸縮する生

地には描きにくかったので、綿やリネンの生地がおすすめです。

布用クレヨンで描いたあとは、色を定着させるためにアイロンをかけます。熱が加わるとクレヨンの油分が出てくるので、布の上にクッキングペーパーなどの紙を敷いた上からかけます。手持ちのものがなかったので、大きな封筒を開いたものを使って代用しました。紙に色や油分が移らなくなるまで、何度かくり返します。

さて、思った以上に楽しい仕上がりになったので、家族みんなが毎日使えるものにしたいなと考え、クッションカバーにすることにしました。ちょうど年季が入りすぎたカバーを処分したところでした。

クッションカバーを作るなら、簡単な方法があります。布の上部を10cmほど長くとっておき、これをフタ部分にします。フタの口を広げた隙間からクッションを入れることができ、かつ自然に口が閉じるので、ファスナーが不要となります。これは枕カバーを作るのにも役立ちますので、ぜひ試してみてください。

家族が集まるリビングに息子の絵のクッションを転がすと、いつもにも増して楽しい印象になりました。子どもの絵を飾るだけでなく、使えるものにするというのは、なかなか良いものですね。

1 作りたいサイズにカットした生地に絵を描く。アイロンをかけて色を定着させる

2 上下の辺を三つ折りにして縫い、表側にクッションを乗せる

3 上から10cmほどを折る。これがフタになる

4 下の生地を被せる。クッションを抜くと中表になる。フタが真ん中に入る重ね方で両脇を縫う

5 表に返すとフタができている。口を広げてクッションを入れる

6 できあがり

こちらは中に綿を詰めたサイコロ型のクッション

09
お絵かきこいのぼり

　小さな頃、私は絵を描くことが好きでした。でも、小学校に入り、絵が採点されたり先生の評価がつくようになったことで、苦手なものに変わってしまいました。

　5歳になった息子も、絵を描くのが好きです。自宅でふたりで過ごす時には、「おかあさん一緒にやろうよ」とたいていの遊びに誘ってくるのですが、絵を描く時にはそれがありません。絵の具出して、というお願いのあとは、ひとりで黙々と取り組んでいます。その様子を見ていると、とても好きなんだなと思います。

　さてこどもの日が近くなった頃、近所でこいのぼりを見かけるようになりました。立派な大きなものから、何かのおまけで付いてきたような小さなものまで。どんなもので

も、季節を感じる飾りは良いものです。

　オーソドックスなこいのぼりを買うのも良いのですが、やはり手づくりしたいと思いました。こいのぼり作るよーと声をかけると、わーいと息子が駆け寄ってきました。実家からもらった古いシーツがあったので、それをざくざくと切って本体を用意し、図を描いて、こういうふうに作ろうねと確認しました。

　こいのぼりらしく仕上げるために一番大切な鱗は、ダンボールで半円形の型を作り、布にスタンプすることにしました。型には持ち手を付け、絵筆で型に絵の具を塗ってスタンプします。布に絵を描くなら、布用絵の具を使うか、アクリル絵の具にファブリックメディウム（テキスタイルメディウム）を混ぜると定着が良いとのことで、そちらにしました。赤、青、緑の3色のこいのぼりが仕上がるよう、色を変えながらスタンプをしていきました。

　その後、目を描き入れたところで、息子のお絵かきにスイッチが入りました。スタンプした鱗のすべてに、さらに様々な色を混ぜ合わせ、絵の具を塗り足していったのです。

結果、赤系、青系、緑系の複雑なニュアンスカラーのこいのぼりが仕上がりました。5月の爽やかな空を泳ぐには、随分と憂いのある印象になってしまいましたが、お絵かきを存分に楽しんだ息子はとても満足げでした。

　ただ、シーツ選びに失敗しました。実家からもらった古いシーツは厚みがありすぎ、そのため暴風でも吹かない限り、そよそよと泳ぐことはありませんでした。一般的な薄手の綿であれば、絵も描きやすいですし、しっかり泳いでくれると思います。

　それでも庭にこいのぼりを吊るせば、「かっこいいね！」と息子。泳がなくとも、お気に入りのこいのぼりとなったようです。このままずっと絵を描くことを好きでいてほしいなと、こいのぼりを眺めながら思うのでした。

息子がやって来て、季節の行事が楽しみになりました。大人だけで暮らしていた頃は、仕事中心の生活だったので、意識したことはほとんどありませんでした。7月の行事である七夕に気付いたのは、小学生以来かもしれません。

久しぶりの七夕は、息子が1歳の時のこと。飾りを用意しながら、折り紙に触れるうち、小さな頃に好きだった切り紙を思い出しました。

折り紙で三角を数回折り、ハサミで切り込みを入れてから開くと、模様が現れます。どんな模様になっているかな？　と開く瞬間の、ワクワク感がたまらなく好きなのです。思うままに切り込みを入れていけば、何かしらの模様ができあがります。複雑そうにも見えますが、実際には単純で、簡単な作業です。

息子が1歳の時の七夕は、大好きな切り紙を思い出したことが嬉しくて、息子そっちのけで切り続けました。息子が2歳の時の七夕は、私が作り出す切り紙を、息子が笹に飾ってくれました。そして3歳の時の七夕に、息子がこう言ったのです。「おかあさんの（飾り）きれい。やりたい」と。とても嬉しい言葉でした。けれど、まだハサミを持つ手もおぼつかない3歳。3歳でできる切り紙とは、どんなものだろう？　ワクワクしながら開く楽しみを、どうやったら盛り込めるだろう？　実際に息子に切ってもらいながら考えました。

一番簡単にできるのは、折り紙で三角を2回折り、3つの頂点を切り取る方法です。開けば、かわいいお花のできあがり。お花をクリアしたら、折り紙で三角を3回折って、同様に頂点を切ります。さらに複雑な花模様になり、4回折れば、コースターのような美しさになります。

自分でできる！　と手応えを感じた息子は、私同様、無我夢中で切り続けるようになりました。そのうちに、頂点

10
七夕の切り紙遊び

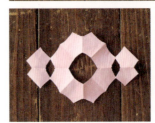

を切らなかったり、別の部分をわざと切り落としたりして、自分でアレンジするように。すると、おばけができたよ！キャンディーができたよ！　と思わぬ模様も現れたりして、大喜び。

　折り紙のほかに、包装紙を切ってみてもおもしろいです。切る部分が多いと、元の図柄が主張することなく、カラフルにもなって、美しいものがたくさんできます。

　七夕の季節は、「たなばた（切り紙をすること）やりたい」と言うので、毎日、ふたりでハサミを持ち続けます。おかげで毎年、大量の切り紙飾りが仕上がります。切り紙に夢中ゆえ、これまた毎年、短冊に願い事を書くことを忘れてしまうのですが。

時計まわりのように、折り紙で三角を3回折る

小さな三角ができたら、頂点をハサミで切り落とす

開けば素敵な花模様に

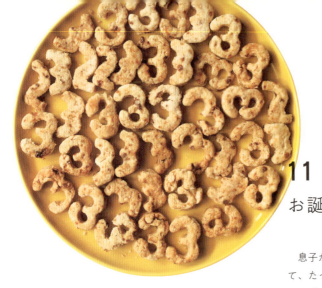

11
お誕生日の数字遊び

息子が3歳になった時のこと。数字の3を覚えてほしくて、たっぷりと3に触れ合う機会を作りました。

まずは、段ボールで「3」を切り抜き、大好きなペタペタ折り紙で、カラフルな3を一緒に作ることにしました。大きなものを作るというだけで、楽しいことですから、大いに盛り上がりました。

そういえば2歳の誕生日にも、数字の2を一緒に作りました。2歳になったから、2を作ろうね、2をここに飾ろうね、と意識して伝えたら、すぐに2を覚え、外出先でも2を見つけると、喜んで教えてくれたことを思い出します。

できあがった数字の3は、居間の襖に飾りました。Happy Birthdayの文字を貼り付けていたら、息子も何か飾りたいと、折り紙をマスキングテープでつなげて貼り付けてくれました。

クッキーでも数字の3を作りました。3歳だから3のクッキーを作ろうねと言うと、一番よく知っている2も捨てがたいと思ったのか「3もいいけど、2もいいよ！」との提案が息子からあり、たくさんの3に2が混じるクッキーができあがりました。

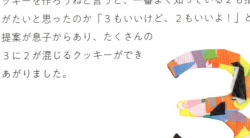

　さらに数字の3のスタンプでも遊びました。手持ちの事務用スタンプから3を取り出し、花束を包んでいた紙にスタンプしていきます。これを包装紙にして、誕生日プレゼントを包むことに。しわくちゃの紙でしたが、端切れのリボンと合わせれば、お誕生日プレゼントらしくなりました。
　ちなみに中身は、成田エクスプレスのプラレール。デパートのおもちゃ売り場からなかなか離れない息子を待っている間、なんとなく応募したプラレールプレゼントの特賞に大当たり。息子には内緒にして取っておいたものです。
　気付けばほとんど出費もないながら、手づくりの楽しい誕生日となりました。
　大好きな電車やバスを数えたくて、息子は数字を自然に覚え始めていましたが、3歳になるまでは3と4がごっちゃになっていました。でも誕生日のお祝いで何度も目にしたおかげか、3という数字になじんだようで、それ以降は3と4を間違えなくなりました。
　何でも楽しく覚えていける時期です。普段の暮らしや遊びの中で、自然に触れていけたらいいですね。

83

12
毛糸で指編み

息子が赤ちゃんの頃に参加していたシュタイナー幼稚園の親子クラスで、育児をしながらでもできる手仕事を習いました。中でも楽しいと思ったのが指編み。指に毛糸を絡ませていくだけの簡単な編み物です。細長い棒状に編み上がるので、これを3本作って三つ編みにし、先にポンポンを付けて子ども用のマフラーを作りました。

息子が4歳になった頃、1つ上のお友達が息子に指編みを教えてくれました。子どもでもすぐに編めるとは驚きでした。息子は得意げに私に編み方を教えてくれたので、久しぶりに一緒に編んでみることにしました。

親指に毛糸を巻きつけて、残りの4本の指で好みの長さまで編んでいきます。息子が初めて作った指編みは5段程の短いもので、そのこじんまりとしたできあがりがとてもかわいかったので、形を整えたあと、裏側に安全ピンを縫

1

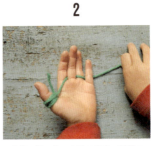

親指に毛糸を巻き付ける

2

人差し指の前、中指の後ろ、薬指の前、小指の後ろに毛糸をはわせる

3

小指に巻き付けるように前を通り、薬指の後ろ、中指の前、人差し指の後ろを通り、手前に持ってくる

い付けてブローチにしました。薄い水色の毛糸のブローチを、濃い水色の無地のセーターに合わせるのが気に入っています。

　慣れてきた頃、息子のアイデアで、人差し指と中指と薬指の3本編み、人差し指と中指の2本編み、人差し指の1本編みにもチャレンジしてみました。指の本数が少なくなれば、編み上がりの幅が狭くなりますが、少ないほうが編みやすくもあるので、好みで選んでみて下さい。

　子どもでも慣れれば、長く編むことができます。5歳になった今は指もよく動き、30分ほどで1玉を編み終わります。息子はこれらを渦巻き状にしてケーキに見立てて遊

んだり、何本かつなげて室内用の縄跳びにしたり、はたまた大きな輪を作って電車ごっこにも使っています。

　毛糸は極太や極々太ぐらいが、ちょうど良い仕上がりに。細めの毛糸だと編み目がゆるくなります。もし細目の毛糸しか手持ちにない場合は、2本を一緒に編んでみてもいいと思います。幼稚園のバザーで購入したもの、ポンポン作り用に100円ショップで買った残り、ノルウェーの友人が泊まりに来た時に忘れていったものなど、しまい込んでいた手持ちの毛糸を活用できました。眠っている毛糸があったなら、子どもと一緒に指編みをしてみませんか？　寒い冬にはぴったりの遊びですよ。

85

4

人差し指から順に、手前に伸ばした毛糸の下から、指にかかっている輪を引っ張り出し、指にかけていく。小指まで終わったら、手の甲にぐるりと毛糸をまわし、そのまま手前に持ってくる。また、人差し指から順に小指まで、輪を引っ張り出して指にかけるをくり返す

5

数段編んだところ。好みの長さまでくり返す

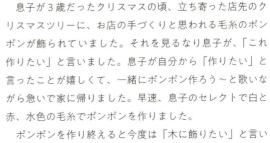

13
クリスマス
デコレーション

　息子が3歳だったクリスマスの頃、立ち寄った店先のクリスマスツリーに、お店の手づくりと思われる毛糸のポンポンが飾られていました。それを見るなり息子が、「これ作りたい」と言いました。息子が自分から「作りたい」と言ったことが嬉しくて、一緒にポンポン作ろう〜と歌いながら急いで家に帰りました。早速、息子のセレクトで白と赤、水色の毛糸でポンポンを作りました。

　ポンポンを作り終えると今度は「木に飾りたい」と言いました。もちろんクリスマスツリーのことです。けれども、我が家のツリーはちょっと変わっているのです。

　息子が生まれて最初のクリスマスに買おうかと考えたのですが、夫婦の職業柄、大量の楽器があるため、物を増やす気にはどうしてもなれません。それなら場所を取らないツリーを作ろう！　と思い立ち、壁にディスプレイすることに。100円ショップで買った大きなサイズのフェルトを

木の形にカットして、壁に画鋲で止めました。赤いスズメウリの実や紅葉した葉っぱ、雪に見立てた綿の花を飾れば、時間もお金もほとんどかからず、すっかりツリーらしい表情に。この場所を取らないツリーが気に入って、息子が1歳の時も2歳の時も、飾る壁を変えながら楽しんできました。

　飾りは壁に画鋲で止めていたのですが、今年は息子が飾りたいと言うので、扱いやすいセロテープで貼ってみることに。白いポンポンを貼りながら、白は雪のイメージなんだよと言うと、白いものをもっと飾ろうと思ったようで、ティッシュや紙コップ、私が小学生の頃にフェルトで作った大根のマスコットまでもが貼り付けられました。加えて笛やハサミなど、最近の息子のお気に入りもぶら下げられ、気付けば、神聖さのかけらもない、けれど愉快でカオスなツリーが仕上がりました。

　ちなみにツリーに飾られた赤い靴下は、ひいじいじのパジャマの生地を利用して、また赤や黒の鳥のぬいぐるみは、IKEAの鳥柄の生地から鳥だけを切り抜き、他の布と縫い合わせて中に綿を詰めて作ったものです。生地のイラストがかわいかったので、そのまま活かして作りました。

息子と作ったスワッグ。あるものを束ね、切り紙の飾りを

幼稚園で作ってきたディスプレイに、木の実を加えて

さて、さきほどの靴下しかり、赤や緑が集まるだけで、クリスマス気分になるから不思議です。この時期、息子や自分の服のコーディネートにも、ついつい赤や緑を選んでしまいます。インテリアにも赤と緑があると盛り上がりますが、雑貨屋さんでわざわざ買い揃えなくても、探せば家の中で見つかるものです。

　一番のおすすめはリンゴ。目に付くところに置くだけで、雰囲気が変わります。中心にろうそくとモミの葉が差してあるリンゴは、息子がプレスクールで作ってきたもの。簡単で真似したいアイデアです。

　息子の部屋のディスプレイもクリスマス仕様に。クリスマスや冬にちなんだ絵本を並べ、リンゴやろうそく、モミの木のお香、そしてクリスマス用のガーランドやオーナメントを飾ります。クリスマスのディスプレイは、まとめて靴の空箱にしまってあり、毎年、その中から取り出して飾るだけですから、5分で完了です。

　季節のものは一度作ってしまえば、くり返し使えるのが魅力です。ガーランドは、まだ息子が赤ちゃんで寝てばかりの頃に、ひいじいじのパジャマ、じいじの赤いシャツ、夫の緑のシャツなど、家中にある赤や緑の布を集めて作りました。三角に縫い合わせ、ブランケット代わりにしていた薄いグレーのフリース生地で挟んで縫えば完成です。

　ガーランドは、もっと簡単に、例えば紐に三角に切った生地をホチキスで止めていくだけでもいいと思います。あっという間にできますし、3歳ぐらいからなら一緒に作れそうです。

　同じく息子が赤ちゃんの頃、クリスマス用のオーナメントやオブジェも作りました。グレーと緑のフェルトを雪の結晶の形に切り、丈夫になるように2枚重ねて、ミシンで縫い付けたものです。ひとつ目の星をミシンで縫い合わせたら、上糸と下糸を合わせて10cmほどをぐいっと引っぱり出し、次の星を続けて縫います。これをいくつかくり返すと、星が連なり、吊るせる形のオーナメントになります。天井にはマスキングテープで貼り付ければ安全です。

　綿を詰めて作ったオブジェは、お洒落だったひいばあばのスーツの生地から作りました。表は水玉なのですが、裏返すとストライプにも見え、両面を使いました。星はクリスマスツリーのてっぺん用で、三角のオブジェは中に鈴を仕込んであるので、ラトル代わりにも使いました。

きっとみなさんの実家や祖父母の家にも、いらない洋服や生地が見つかるのではないかと思います。ありがたくいただいて、日々のものに作り変えれば、お金がかからないだけでなく、家族がそばにいてくれるような安心感があります。

手づくりのものにはあたたかさがいっぱい詰まっています。寒い冬にはとくに手づくりはいいなと感じます。あたたかなクリスマスになるよう、願いをこめて作りたいですね。

松ぼっくりに赤い実を付けたのは息子のアイデア

14
お正月飾り

息子と一緒に作ったお正月飾り。右が息子作

クリスマスを楽しんだあと、すぐにお正月の準備がやってくるなんて、年末とはなんて忙しいのでしょう。けれども華やかなクリスマスと違って、お正月の準備は飾り付けよりも、しっかりとお掃除をしてきれいな空間を作ることのほうが大切だと感じます。さっぱりとした空間に、そっと小さな飾りをしつらえるぐらいがちょうどいいと思うからです。だから新たに買うものも、作るものも少ないですし、庭を見渡してみて、足りなければ花を少し買って、あとは家にあるものでなんとかしてしまいます。

クリスマス飾りにも使うので、11月半ば頃から散歩の途中に松ぼっくりを集めておきます。これは息子にお願いしておくと、忘れず集めてくれるので助かります。また古い家を借りてきたこともあって、庭にはたいてい赤い実を付ける南天や千両があり、寒くなれば水仙も顔を出します。これらはお正月にあるととても便利です。鉢でも簡単に育てられますよ。

お願いできるようであれば新米の頃に、稲をお米農家さんからお米と一緒に送ってもらい、飾り付けに使うと楽しいです。稲を束ねて、赤い南天の実や葉を加え、束ねたところを松ぼっくりで隠すように結わえたら完成です。子どもと一緒に作ることができるようにと簡単にしたのですが、

玄関にしつらえてみれば、なかなか良い雰囲気になりました。

　赤い実が大好きな息子は、秋頃から色づく実を取りたいと私に懇願するのですが、お正月のお楽しみねと言って我慢してもらっています。お正月の準備が始まればようやく解禁となり、玄関と料理に飾る分を先に確保しておいて、あとは好きなように使ってもらいます。するとおもしろい遊びが始まりました。祖母の家からもらってきた古い金色の洗面器に水を張り、実や葉っぱ、花を浮かべ始めたのです。金色に赤い実というだけでも十分にお正月らしく、遊びのあともそのままにしておきました。

　これにはさらに嬉しい展開がありました。翌朝、外に出したままの洗面器の中身は寒さで凍り、息子が浮かべた実や葉っぱ、花は、美しい氷中花となっていたのです。お正月の澄んだ空気と爽やかな光の中で、南天の実や葉っぱが氷とともにきらめいて、とても素敵な飾りとなりました。

　息子が小さいうちは頑張りすぎないよう、おせちも最低限しか作らないことにしています。それでも料理に実や葉っぱを添えるだけで、それらしくなります。子どもにお願いできる簡単な仕事ですし、一緒に楽しくお正月の準備ができたらいいですね。

松ぼっくりや葉っぱなど、いろいろなものが加えられたあと、氷中花に

息子が庭で集めた実を飾ってくれました。赤い実はクリスマス前から出まわる野ばらや山帰来などでも

Column 04 子どもの「好き」にとことん付き合う

息子が生まれて、目の前の世界が随分と変わりました。お散歩ひとつとっても、自分だけなら見過ごしてしまうような、街や季節の小さな変化に敏感になること、それを発見する喜びや、違いを楽しむことを幾度となく教えてもらいました。ポケットいっぱいのドングリを毎日持って帰ってくることや、庭で大量生産する泥団子など、さてどうしようかと思うこともたくさんありますが、どう一緒に楽しむか？　を考えるようにしています。

リメイクのアイデアも息子からたくさんもらいました。P16の1本のズボンから2本のズボンも、ポケットがないと穿かないと頑なに拒まれたことからひらめきました。P64の電車の切り抜きのスクラップブックも、息子が電車を好きすぎるあまり、溜まってしまった大量のチラシをなんとかしたくてできたものです。折り紙で襖や障子を補修したのも、糊付けなら息子が集中して取り組んでくれたからです。

とことん付き合うというのは、余裕がないとできません。時間の余裕も、心の余裕もあれば一番良いのですが、子育てと家事だけでも大変ですし、加えて仕事もしていれば、余裕などなくて当然。かく言う私も、毎日いっぱいいっぱいです。

それでも時間の余裕は少しでも作るよう、心の余裕はなくすことのないよう、努力しています。できているとは言い難いのですが、そうなるように心がけています。例えば、息子の幼稚

園の送り迎えは、ロスする時間をあらかじめ組み込んで計算しています。さっと行って、帰ってこれるなどとは全く考えていません。そう心積もりをしておけば、息子の寄り道にも余裕を持って付き合うことができます。

また、息子と一緒にいる時は、息子との会話を最優先することにしています。まだ会話などできるはずのない赤ちゃんの時から、とにかく息子に話しかけるようにしてきました。他愛もない話ばかりですが、何気無い会話の中から、生活のヒントもリメイクの新しいアイデアも生まれてきたように思います。

家事はできる範囲で良しとして、完璧を目指すことはやめました。その代わり子どもの「好き」にはとことん付き合いたいと思っています。そのうちに、親との時間よりも自分や友達との時間を優先するようになるのでしょうから、親子で楽しめる時間はさほど残されていないとも思うからです。お母さんと一緒にやりたいと言ってくれる今のうちに、とことん付き合い、とことん楽しもうと思っています。

Column 05 既製品に手を加えてみる

リメイクは、古着を作り変えることばかりに目がいってしまうかもしれませんが、市販のものにちょっとしたアイデアを加えるだけの、楽しいリメイクもあります。

例えば、買ってきたものにペンキを塗るのも楽しいリメイクです。息子がリサイクルショップで見つけた子どもの椅子は、台所のインテリアに合うように、息子にペンキを塗ってもらいました。子どもにペンキを与えると、大変なことになってしまいそうですが、自分で見つけてきた自分の椅子だからか、遊ぶことなく、キレイに仕上げてくれました。

ペンキ塗りがすっかり好きになったようなので、ついでに庭にある鉢も塗ってもらうことにしました。これも上手にできたので、リンゴ箱や空き缶など鉢代わりにしているものも塗ってもらいました。水色や紺色が差し色になって、庭の様子がぐっと素敵になりました。

また、いくつもいただくエコバッグは、使いやすい大きさにしたり、持ち手を変えたりなど、ほんの少し手を加えて、好みのデザインにリメイクしています。いただくのはありがたいのですが、買ったものでないからか、ちょっと好みに合わないなと思うことが多いからです。

ほかにも、帽子やスリッパにポンポンを付けたり、洋服にボタンやリボンを縫い付けたりなど、リメイク好きな方ならトライしたことがあるのではないかと思います。シンプルなワンピースに赤い布地のリボンを縫い付けたら、量産品がぐっと自分のものになった気がしました。

ほんの少しのアイデアを既製品にプラスするだけで、愛着が持てるようになるのがリメイクの良いところです。ひいては物を大切にすることにつながると思います。アイデアがひらめいたなら臆することなく、どんどんトライしていきたいですね。

Tips & points

手づくりを楽しむためのコツとポイント

この本で紹介したリメイク服や小物をくり返し作る中で、大切だなと感じたことを挙げておきます。お裁縫のプロではないので、一般的な方法ではなかったり、足りない部分があるかもしれません。いろいろな方法を試しつつ、参考にしてもらえればと思います。

01 揃えておきたい道具

お裁縫のための道具は、実はあまり持っていません。数は少なくても、あれこれ作ることはできました。基本的な道具ばかりですが、揃えておきたいものをご紹介します。

◎裁ちばさみ

よく切れる裁ちばさみがあるだけで、お裁縫が随分と楽しくなるはずです。私は実家からもらってきたものを使っていますが、こちらも一生ものですから、質の良いものをひとつ持っておくと良いと思います。基本的なことですが、紙など布地以外のものは切らないことが鉄則です。

◎ミシン

懐妊祝いに自分へのプレゼントとして買いました。スウェーデンのメーカー、Husqvarna（ハスクバーナ）のEmerald 118というミシンです。産前は、自分用のミシンは持っていませんでした。庭のガーランドを作りたいと思った時に、ミシンカフェの存在を知り、そのカフェでガーランドを仕上げることに。そこで貸してもらったミシンが同タイプのものでした。ミシンのことは詳しくないのですが、その頑丈さ、安定感は素人の私にもわかるほどで、このミシンなら一生ものになると即決しました。これから買う場合は、ミシンカフェなど試せる場所を探し、これはというものをぜひ見つけてみてください。きっと良き相棒になってくれると思います。

◎お裁縫箱とその中身

小学校の家庭科で使ったような、基本の道具が入っていれば十分だと思います。針、まち針、ピンクッション、糸切りバサミ、メジャー、定規、安全ピン（ゴムを通すために使う）などです。あとは必要に応じて、手縫いの糸やミシン糸を揃えていけば良いと思います。私は工具箱をお裁縫箱がわりにしています。持ち運びやすいので、子どもの様子を見ながらいろいろな場所でお裁縫をしています。

◎アイロンとアイロン台

お裁縫はしなくとも、持っている方が多いと思います。アイロンについてはP96で詳しく説明しています。

02 新しい生地を使うなら

　この本ではリメイク服の紹介が多いため、古着を使うものが主となりますが、ものによっては、新しい生地から作れるものもあります。新しい生地を使う場合、とくに織りのゆるい綿(ガーゼなど)やリネンは水に浸けると縮む性質があるため、あらかじめ水通しをして先に縮ませておく必要があります。まれに色落ちする生地もあるので、その確認にもなります。数時間ほど水に浸けたあと、軽く脱水し、形を整えて陰干しします。最後にアイロンをかけて整えます。水通しする必要があるかどうかわからない場合は、布目の方向(斜めにはかけない)にスチームアイロンをかけて、歪みを取るように地直しすると良いと思います。

　古着を使ったリメイクの良いところは、なんといっても水通しの必要がないことです。何度も洗濯したあとだと思いますので、縮みや色落ち、色移りの心配もありません。私は濃い色のリネンの洋服が大好きなのですが、新しい生地で扱うとなると水通しを避けて通れません。古着なら、下準備なしで気楽に始められますよ。

03 ウールのフェルト化のすすめ

　セーターやマフラー、靴下などのニット製品をリメイクする場合、あらかじめ縮ませたほうが扱いやすいです。家で洗濯していたものなら、多少縮んでしまっていることもあるかと思いますが、それまでドライクリーニングに出していたものや、編み目のゆるいざっくりニット、まれに新しいニット製品を使う場合は、思い切って縮ませ、さらにフェルト化させるのがおすすめです。裁断してもほつれにくくなり、扱いやすくなるからです。フェルト化できるのは、動物性繊維であるウール、カシミヤ、モヘアなど。ウールでも薄手のセーターなどで防縮加工されているもの、また、アクリルなどの合成繊維はフェルト化しません。

　フェルト化は、ウールが水に濡れた状態で、熱や摩擦などが加わったり、アルカリ性の環境になると、繊維が絡み合い、離れなくなることから起こります。普段、ウールのセーターを洗うのに、やってはいけないことをイメージするとわかりやすいです。具体的には、40度以上の熱めの石鹸水でゴシゴシともみ洗いするなどです。私は、普段の洗濯物と一緒に何度か洗濯機でまわすことで縮ませています。また乾燥機にかけるのも効くそうです。

　とくに、P28の「レッグウォーマー」で紹介しているかぎ針での飾り編みは、縮んでいるほうが目が詰まっており、またほつれも少ないため、編みやすいです。我が家はほとんどのものを家で洗濯しているため、縮んでいたり、中にはフェルト化してしまったものもあるので、家事のクオリティーとしては自慢できませんが、リメイクには適しています。

04   何はなくともアイロン

　何かを作る時、アイロンをかけることがとても大切だと思います。とくにリメイクは古着を利用するので、気付かぬうちについた折りジワ、たたみジワ、またその洋服を着ている時にできたであろうクセもついています。アイロンをかけて本来の姿に戻してから、作り始めるのがおすすめです。

　裁断したあとも一度アイロンをかけます。とくにはぎ合わせるような時には、ぴたりと合うかの確認にもなります。縫ったあとも、縫い目を落ち着かせたり、縫い代を倒すためにアイロンをかけます。

　またウエストや裾などを三つ折りにする際も、アイロンが必須。仕上がりのサイズの確認にもなります。

　どんなアイロンでも良いのですが、これから買うのであれば、しっかりと重さのあるスチームアイロンをおすすめします。重さがあるほうがシワを伸ばしやすく、スチームで生地のてかりや縮みを防ぎます。

　アイロンは、きれいに仕上げるための要です。きちんと折り目をつけることで、俄然縫いやすくなります。ミシンの隣に常備しておいてくださいね。

05   まち針としつけ

　正直に言うと、まっすぐ縫うのはあまり得意ではありません。アイデアがひらめいたら最後、作りたい気持ちが高まりすぎて、勢いだけのお裁縫になってしまうからです。以前に作ったものを見返してみると、勢いあまった形跡があちこちに。これにはさすがに反省をするしかなく、少しでもきれいに仕上げようと思い直しました。

　きれいに縫うためには、アイロンをかけることの次に、まち針としつけが欠かせません。例えば三つ折りをアイロンでクセづけすれば、もう縫えるような気になってしまい、まち針を飛ばして縫ってしまったことは数知れず。そして見事によれたり、ずれたりするのです。貴重な息子のお昼寝タイムに、糸をほどいて一からやり直し、という不毛な時間を何度も過ごしました。

　まち針は両端に打ったあと、一度生地を引っ張って整え、真ん中に打ちます。それらの真ん中、さらに真ん中と整えながら打っていくと、仕上がりがぐっときれいになります。まち針を打つ縦のラインを決めておけば、まっすぐ縫うガイドにもなります。

　デニムのような厚い生地を縫う場合は、しつけ糸のほうが良いです。厚い生地にまち針を打つと、波打ってしまうからです。おおざっぱにぐし縫いするだけのしつけでも、十分に役に立ちます。

　お裁縫のプロではない私は、失敗に失敗を重ねてきたので、まち針としつけ糸の大切さをひしひしと感じています。少しでもきれいに、そしてストレスなくスムーズに仕上げるための近道です。

06 縫い代の始末

この本では、作り方をなるべく簡単に説明するため、縫い代の始末について省いている箇所があります。必要に応じて、ジグザグミシンをかけてください。特殊な生地や丈夫に仕上げたい時などは、ほかの方法も試してみてください。

◎ジグザグミシン1

中表にして縫ったあと、2枚一緒に生地の端にジグザグミシンをかける。縫い代を多めに取っておき、縫い目の横にジグザグミシンをかけたあと、余分な縫い代をカットする方法でも。いずれもアイロンで片側に倒す。薄手の生地に向き、丈夫な仕上がりになる。

◎ジグザグミシン2

中表にして縫ったあと、縫い代を開いて、左右の生地の端にジグザグミシンをかけ、アイロンで割る。厚手の生地に向く。ズボンの裾を折り返す必要がある時などにも。

◎折り伏せ縫い

直線縫いの箇所を丈夫にしたい時に。

1 仕上がりの2倍の幅で縫い代を取り、中表にして縫ったあと、一方の縫い代を半分にカットする

2 もう一方の縫い代で、カットした縫い代を包むようにアイロンで倒す

3 生地を開き、縫い合わせた線に沿ってアイロンで片側に倒す

4 倒した縫い代の端を縫う

5 できあがり（表側）

◎袋縫い

ガーゼなどのやわらかい生地や、ほつれやすい生地に。

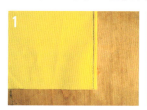   

1 仕上がりの2倍の幅で縫い代を取り、外表にして縫ったあと、余分な縫い代をカットする

2 裏返し、できあがり線で縫う。1で縫った縫い代が袋の中に入る

3 生地を開き、アイロンで片側に倒す

4 できあがり（表側）

07　カーブや角の縫い代の始末

　カーブや角には、縫い代に切り込みを入れるときれいに仕上がります。料理でいう隠し包丁のようなものでしょうか。やらなくてもいいけれど、やっておいたほうが良いです。縫いやすくなることもあり、ストレスも減ります。

　例えば、「スモック風Tシャツ」(P14)の脇のカーブ。中表の状態で、縫い代に切り込みを入れます。縫い目に届かないように入れればOKです。カーブの角度にもよるので、いくつか入れたあと、表に返して様子を確認します。表に返してみると、切り込みを入れると入れないではすっきり感が違います。

　「お弁当包み」(P24)や「マスク」(P52)などは、三つ折りにした四角の角に生地が集まり、分厚くなってしまうので、すっきりとした仕上がりになるよう、余分な布をカットします。アイロンをかけてしっかりとクセづけすれば、切り込みも入れやすく、またきれいに縫うことができます。私は三つ折りにしたあとに斜めにカットするだけですが、額縁縫いなど他にもいろいろな方法があります。

　バッグの底の角などは、縫い代を簡単にカットするだけでも、すっきりと見えます。さほどの手間でもないので、きれいに仕上げるために、ぜひ取り入れてくださいね。

◎カーブの縫い代の始末

1　中表にして縫ったあと、カーブの強い箇所に切り込みを入れる

2　表に返したところ

◎バッグの底などの縫い代の始末

バッグの底の角は、縫ったあとに縫い代をカットする

◎三つ折りが重なる角の縫い代の始末

1　アイロンで三つ折りのクセづけをしたあと、角を斜めにカットする

2　両辺を1回ずつ折ったところ

3　一辺をさらに折る

4　もう一辺をさらに折る

5

折り紙などで一度試してみるとわかりやすい

08 バイアステープの作り方と縫い付け方

バイアステープとは、布目に対して斜め45度で裁断したテープ状の布を言います。斜めに裁断することで伸びるようになるので、カーブなどにも沿わせることができます。

バイアステープは市販のもので構いませんが、使わずに眠っている生地があるのなら、バイアステープとして活用してもいいかもしれません。市販のバイアステープでは、好みの色や模様が見つからない時もあるので、手づくりもおすすめです。

手持ちの布から取るなら、まずアイロンをかけて布目を整えたあと、布目に対して斜め45度になるように裁断すればOKです。長さが足りなければ、縫い代分を考慮して、少しずらしてクロスさせて縫い合わせます(同じ幅なので、つい端と端を合わせて縫い合わせたくなりますが、ずれてしまいます)。さらにバイアステープ状になるよう、折り目をつけます。布を通して折り目を作りやすくするテープメーカーも便利ですが、アイロンを順にかけるだけでも作ることができます。

次に、バイアステープを縫い付ける方法です。本体とバイアステープを中表に合わせて縫い付けた後、アイロンで上下に割り、反対側に折り曲げて本体を包み、きれいに仕上げるために表側から縫い付けます。バイアステープのキワを縫うと仕上がりがよりきれいですが、私には難しいのでバイアステープの端を縫うことがほとんどです。

また写真で紹介する方法の他にも、裏側を先に縫い付けた後、同様に折り曲げて包み、表側のバイアステープの端にミシンをかけて縫い付けたり、本体をバイアスで挟むようにして一度で縫い付けたりと、いろいろな方法があります。お好きな方法でトライしてみてください。

「デニムパンツ」(P12)などに別布でつけるウエストは、このバイアステープを縫い付ける方法と同じ要領で縫い付けています。(P100参照)

◎バイアステープの作り方

1 布目に対して斜め45度になるよう、半分に折る

2 定規で測り、5cm幅に裁断する

3 継ぎ足す場合は、縫い代分を考慮し、少しずらしてクロスさせて縫う

4 縫い代を割って、表に返す。はみ出した部分をカットする

5 アイロンをかけて半分に折り、さらに内側に半分に折ればできあがり

◎バイアステープの縫い付け方

1 本体にバイアステープを縫い付ける。折り目よりやや端側を縫う

2 アイロンで上下に割り、本体を包むようにして裏側にまち針で留める

3 表側からバイアステープのキワか、端を縫い付ける

09　ゴムの種類と通し口の作り方

この本で紹介しているリメイク服では、ゴムを通してサイズを調整する箇所が多くあります。袖パンツのウエストなどゴムを1本通すだけの場合は、上辺を三つ折りにして縫い付ける際、最後に1.5cmほどゴムの通し口を残して返し縫いをし、その口からゴムを通せばOKです。

デニムパンツなど重さのある生地のズボンには、ゴム1本のみのウエストでは安定感がありません。そう思って当初は、2cmほどの太めのゴムを入れたのですが、固すぎたせいか息子に大不評でした。

そこで、別布を縫い付け、6〜8mm程度のソフトゴムを2〜3本入れてみたところ、ウエストが程よい締め付け具合になり、安定もし、着脱もしやすくなりました。

数本入るゴムの通し口を作る場合、一番簡単な方法は、別布を縫い付ける際に、別布の両端を5mm〜1cmほど重ねる方法(A)です。別布は、Tシャツやカットソーの身頃の裾をよく利用します。フリースなどほつれにくい生地も、縫い代の始末が不要で手軽です。

別布を縫い付けたらステッチを2本入れ、別布が重なる部分からゴムを入れます。

余裕があれば、両端を半分だけ縫い合わせ、半分は長方形にステッチを入れる方法(B)も。Aより手間がかかりますが、通し口の仕上がりがきれいです。

ゴムを通すのは、市販のゴム通しが便利ですが、なければ安全ピンが重宝します。安全ピンにゴムを通し、ピンを留め、ピンのお尻の方から入れていきます。誤ってゴムがすり抜けてしまわないよう、反対側の端も別の安全ピンに通しておくと安心です。バルーンパンツの太ももまわりなど細い箇所には、ヘアピンがおすすめです。

またリメイクTシャツの首まわりにもゴムを入れますが、サイズを調節するためだけなので、子どもの下着に使われるような、3mm程度の細く優しいゴムを使うようにしてください。

◎ゴムの通し口の作り方・A

1 別布(幅約20cm×長さデニムのウエストの周囲+縫い代、仕上がりの幅は約8cmになる)を用意して、バイアステープ状にする(写真ではカットソーの身頃の裾部分を利用)

2 一方の端の縫い代を始末し、デニムのウエストに中表で合わせる

3 デニムに別布を縫い付ける。後ろ側からぐるりと1周し、最後を5mmから1cmほど重なるようにする

4 アイロンで上下に割る

5 デニムのウエスト部分を包むようにして半分に折り、縫い代を内側に折り込み、裏側にまち針で留める

6 表側から縫い付けた後、ステッチを2本入れる。一番上は、ゴムを入れやすいので、細くなってもOK

7 安全ピンにゴムを通し、安全ピンの尖った方で、別布が重なる隙間から入れる

8 ゴムを2本入れたところ

9 できあがり

◎ゴムの通し口の作り方・B

1 別布を用意し、バイアステープ状にする。中表で半分に折り、両端を合わせ(輪になる)、できあがり線を半分まで縫う

2 縫い代を割り、通し口のまわりにステッチをかける

3 バイアステープを縫いつける方法と同じ要領で、デニムのウエストに縫い付ける。(P99参照)ステッチを2本入れる。以下、Aの7と同じ

10 お直しのアイデア

　一日中、走りまわっているような息子なので、ズボンに見事な穴を開けて帰ってきます。膝が擦り切れることが一番多く、これまでに何度、穴を塞いできたことでしょう。

　簡単に、そして丈夫に直すなら、裏側に端切れをあててから、ジグザグミシンで何度も往復するのが一番です。生地と同じ色でも良いですが、全く違う色のほうがアクセントになってかわいく見えると思います。仕上がったら、裏側の端切れの余分な部分をカットします。

　これは手縫いでもできます。同じように裏側に端切れを

あててから、並縫いを何度かくり返します。全く違う色で目立たせる場合は、太めの糸を選んでいます。デニムに赤い糸でお直しするのが気に入っています。

　アップリケやワッペンなどを付ける方法もあります。けれど息子の場合は、好きな色、形がはっきりとあるので、よくよく相談してからにするようにしています。ほつれないので扱いやすいフェルトを好みの形に切って、まつり縫いで縫い付けます。冬のあたたかい服にはフェルトがなじみやすいと思います。

　虫食いのような小さな穴なら、ボタンを付けたり、刺繍をしてもいいかもしれません。余裕があればダーニング(イギリスの伝統的な補修方法)も楽しいです。ただ子ども服の場合、またすぐに穴を開けてくる可能性も高いので、やはり手早く、そして丈夫に、が一番のポイントかなと思います。

子育ての日々はあっという間です。
ついこの間まで首もすわらない
赤ちゃんだったはずの息子は、一丁前に文句を言い、
私よりもずっと早く走れるようになりました。

その成長ぶりが嬉しい反面、
いまのうちに一緒に楽しまないともったいないなと
思うことも多くあります。
子育てに限ったことではありませんが、
その時、その年齢でしか楽しめないことが
きっとあるからです。

お子さんのいる家庭はどこもそうでしょうが、
我が家も同じく、余裕など全くない、
ドタバタな毎日です。
それでも、ちょっとした隙間時間に
楽しめることがあるかもしれません。
子どものために作りたい、
子どもと一緒に楽しみたいと思う時に、
この本をめくってもらえればと思います。

手づくりを楽しみたいと思う方々にとって、
私たち親子が試してきたアイデアが手助けになれば、
こんなに嬉しいことはありません。

みなさまもどうぞ、お子さんとの時間を
存分に楽しんでくださいね。

良原リエ

良原リエ（Rie Yoshihara）

音楽家。アコーディオニスト、トイピアニスト、トイ楽器奏者として、映画、TV、CM、アニメ、ミュージカル、コトリンゴなど他アーティストとの演奏、制作に関わる。著書に『音楽家の台所』（コノハナブックス）他。

tricolife.com　instagram ID : rieaccordion

リメイクと遊びのアイデアブック
たのしい手づくり子そだて

2018年1月31日　初版第1刷　発行

著　者	良原リエ
発行人	前田哲次
編集人	谷口博文
	アノニマ・スタジオ
	〒111-0051
	東京都台東区蔵前2-14-14 2F
	TEL. 03-6699-1064
	FAX 03-6699-1070
発　行	KTC中央出版
	〒111-0051
	東京都台東区蔵前2-14-14 2F
印刷・製本	株式会社文化カラー印刷

デザイン..... 葉田いづみ
撮影............ 砂原 文
　　　　　　P3-6, 18-23・26-27(人物), 29(編み方),
　　　　　　30-31(人物), 35, 48-49(人物), 52-53(女の子),
　　　　　　58, 61,68(電車), 72-73(人物), 94, 96, 102, 103
　　　　...........良原リエ
モデル......... Tamaki, Hanae, Aoi, Ari, Teo & Memi
WEB担当.... 小島奈菜子（アノニマ・スタジオ）
編集 ....浅井文子（アノニマ・スタジオ）

内容に関するお問い合わせ、ご注文などはすべて左記アノニマ・スタジオまでお願いいたします。乱丁本、落丁本はお取り替えいたします。本書の内容を無断で複製、複写、放送、データ配信などをすることは、かたくお断りいたします。定価はカバーに表示してあります。

©2018 Rie Yoshihara, Printed in Japan
ISBN 978-4-87758-774-1 C5077

＊本書は、アノニマ・スタジオwebサイトでの連載『たのしい手づくり子そだて』（2015年4月〜2018年1月）に、加筆・修正して、あらたなページを加えて再構成したものです。

アノニマ・スタジオは、
風や光のささやきに耳をすまし、
暮らしの中の小さな発見を大切にひろい集め、
日々ささやかなよろこびを見つける人と一緒に
本を作ってゆくスタジオです。
遠くに住む友人から届いた手紙のように、
何度も手にとって読みかえしたくなる本、
その本があるだけで、
自分の部屋があたたかく輝いて思えるような本を。